中世前期の政治構造と王家

佐伯智広　著

東京大学出版会

The Political Structure and the Imperial Family in Early Medieval Japan

Tomohiro SAEKI

University of Tokyo Press, 2015
ISBN 978-4-13-026238-5

中世前期の政治構造と王家／目次

序章　中世政治史研究の課題

第一節　政治史研究における時期区分論

一九〇六年に原勝郎『日本中世史』(1)が世に出て以来、一九六〇年代までの長きにわたり、日本政治史上における中世成立の画期は、鎌倉幕府の成立におかれてきた。

その一つの到達点ともいえる研究が、石母田正『古代末期政治史序説』(2)であろう。そこでは、古代とは天皇や貴族を支配層とする律令国家の時代とされており、領主制の進展と律令制の崩壊にともなって、荘園制を基盤とした藤原氏による摂関政治が生じ、さらに、院近臣・上級貴族・武家棟梁・寺社の四勢力の分立の上に、院政が成立したとされる。そして、貴族の傭兵隊長であった平清盛が、クーデターによって古代国家の独裁者となり、古代国家崩壊によって引き起こされた内乱の中から、東国武士（領主層）を基盤とする鎌倉幕府が成立したとされるのである。

以上のような図式の中で、中世という新たな時代の担い手として想定されたのは、封建領主である武士のみであった。これに対し、天皇・貴族・寺社はすべて古代的勢力とされ、律令制・荘園制の崩壊とともに没落するものと評価されたのである。

こうした政治史理解の図式を大きく塗り替えるきっかけとなったのが、「中世の国家と天皇」(3)（一九六三年）を嚆矢とする、黒田俊雄による権門体制論の提起であった。黒田は、古代的な存在として評価されてきた公家（天皇・貴族）を、武家（武士）と同様に封建領主階級として捉え直し、中世の国家支配機構を、公家・武家・寺社など諸権門の相互補完によって構成されたものと評価した。そして、権門体制成立の画期には、院政の成立をおいたのである。

権門体制論に対しては多くの批判も出されているが、重要な点は、権門体制論が発表されて以後、政治構造や国家像の理解を異にする論者にあっても、政治史上における古代と中世の画期を院政期におくという点は、広く受容されたことである。権門体制論に最も先鋭的な批判を加えたのは、中世に統一的な国家を無前提に想定しえないことを指摘した石井進であったと思われるが、その石井にあっても、「院政時代」(4)（一九七〇年）以降、中世社会成立の画期は、院政期におかれている。また、中世国家として、王朝国家と鎌倉幕府という二つの型を提示する佐藤進一『日本の中世国家』(5)（一九八三年）においても、王朝国家の成立時期は、官司請負制が成立する一二世紀初中期、すなわち院政期におかれている。

以上のように、権門体制論の提起以降、中世の始期は院政期であるとの見方が、広く行われてきたといってよい。これに対して、近年注目されるのが、摂関期と院政期との連続性を重視し、中世の始期を、摂関期へとさらに引き上げようとする研究動向である。現在、その最新にして最大の研究と評価できるのは、上島享『日本中世社会の形成と王権』(6)（二〇一〇年）であろう。

上島の所説の特色は、旧来の政治史・王権論を、朝廷内での政治過程や権力の所在に基づき立論した「空虚な王権論」と批判し、政治・宗教文化・社会経済・思想史・対外関係論・都市論などを包摂した、全体史の構築を目指すとした点にある。旧来の政治史においても、これらの問題は軽視されていたわけではなく、とくに、荘園制・知行国制による社会経済上の問題は、中世前期の内乱や鎌倉幕府成立の要因として、かねてから重視されていたが、政治史が単に朝廷内の政治過程を説明するのみにとどまっては不十分であることは、疑いない。上島の王権論が、実際に、支配イデオロギーとしての宗教の問題や、国家的な財政構造の問題を含み込んで構築されている点は、高く評価されるべきであろう。

一方で、その王権論に対する批判も、すでになされつつある。本書はその批判を直接の目的とするものではないが、政治史上の時期区分や、中世王権の問題を考える上で、上島説を批判的に分析することは、重要な課題であると考える。

第二節　中世の政治構造と王権

1　中世前期における王権の所在

上島説における王権理解の特徴は、日本の中世王権を、複数の人格が相互補完的に構成するものと見なしている点にある。この理解は、主に、院・摂関・天皇の三者が職事弁官を介して国家意思を決定し官僚機構を動かすという、井原今朝男によって提起された職事弁官政治論[7]を踏襲したものである。ただし、井原説の力点は、職事弁官によって支えられた院政・親政・摂関政治の可変性の指摘におかれているのに対し、上島説においては、院・天皇・摂関による国政運営を基層構造として認めるものの、院政期においては院権力が圧倒的な優位に立つことを特徴として捉えている、という相違点がある。

一方で、院政期における天皇の位置付けについて、上島は、国王と認識されていたのは天皇であったものの、きわめて理念的・非人格的な存在であり、院は天皇を手中に収めることで権力基盤を固めるとともに、王権構造の強化を図ったとする。また、院政期以降の摂関については、白河院によって天皇作法が形成される中で、輔弼者としての摂関の存在が王権構造に組み込まれ、摂関の任免権を院が掌握しても、摂関家嫡流以外の者を摂関とすることは不可能となったことを指摘する。

以上のように「相互補完」と評価される院・天皇・摂関であるが、それぞれの王権との関わり方は、大きく異なっている。上島自身も指摘している通り、院政の確立後も、二条天皇のように、天皇が直系尊属である院の影響力を排除して親政を確立することは可能であった。院政期にあっても、王権は天皇によって担われているのであり、天皇との関係という点では、院は一貫して、幼帝時における政務代行者の地位にとどまっている。

また、院政期の摂関については、摂政が天皇の元服にともなって関白とされる際に、准摂政の宣下を受けることが通例となることで、摂政と関白との間に職掌の差がほとんどなくなってしまうことも重要である。摂関期にあっては、藤原忠平以後、幼帝時の天皇大権の代行者が摂政、成人天皇時の天皇の補佐役が関白という形で、摂政と関白の職掌の差が明確化されたが、幼帝時の政務決裁者が院となったことにより、摂政も、実質的に院の輔弼者に過ぎなくなったのである。

天皇・院・摂関という三者の、王権との関わり方の相違を踏まえたとき、三者の関係を相互補完と捉えることよりも、理念的には天皇が有する王権を、現実の政務運営の中で、誰がどのような正当性によって代行するかに着目して分析を行うことが、研究視角としてより重要ではないだろうか。

さらにいえば、摂関が天皇を輔弼することをもって「相互補完」と捉えるのであれば、その画期は、摂関政治の始期か、摂関（および内覧）が常置されるようになった冷泉天皇の代に求められるべきである。あるいは、摂関を家職とする摂関家が成立することを、相互補完的な王権構造の成立と捉えるのであれば、その画期は、鳥羽天皇が即位した際、外戚である閑院流の藤原公実ではなく、外戚ではない関白藤原忠実が摂政に任じられ、外戚と摂関とが分離された時点に求められる。いずれにしても、藤原道長の王権と院権力の連続性をもって、相互補完的な中世王権の成立の論拠とするのには、無理があるであろう。

上島説に対する佐藤泰弘の評の中ですでに指摘されているように[8]、摂関政治成立以前においても、太上天皇や皇后・皇太后など、王権に対して一般貴族とは異なる特別な関わりを持つ者は存在した。院政成立後も、平氏政権・鎌倉幕府・室町幕府など、王権に対して強大な影響力を持つ存在が出現するが、王権への関与の形は、それぞれ大きく異なる。その差異を明確に捉えることこそ、王権のあり方の画期を設定する上で、最も重要であると考える。

2　古代・中世の外戚と王権

この点に関して、最も重視されるべき現象は、摂関と外戚の分離である。これが、一面において、摂関家の他の一般貴族に対する優越を構造的なものとしたことは、疑いない。しかし、摂関は、本来、天皇の外戚であることによってこそ政治力を十全に発揮しえたのであり、外戚ではない関白の政治力は、限定されたものであった[9]。

一方で、絶大な権力を誇った道長の場合、その権力が最盛期を迎えたのは、外孫である後一条天皇の即位後であったが、即位後一年で道長は摂政を辞しており、晩年はほぼ無官の存在であった。道長は官職によらないことで官職秩序から自由になり、天皇の臣下たる立場から離脱したのだとする上島の説は傾聴に値するが、問題は、それを可能にした基盤が何であったかである。それは、いうまでもなく、天皇の外祖父であり、将来の皇位継承者の外祖父でもあるという、天皇の外戚としての立場であった。

ところが、そうした権力のあり方は、次代の藤原頼通には引き継がれなかった。頼通は、寛仁元年（一〇一七）に父道長から摂政の職を譲られたが、以後、治暦四年（一〇六八）に関白の職を同母弟の藤原教通に譲るまで、五〇年もの長きにわたり、摂関に留まり続けた。頼通は、道長のような非制度的な権力を構築しえなかったのである。それは、頼通が天皇の外戚（外叔父）であるとはいえ、自身の娘に皇子を産ませることができず、外戚関係を継続的なものとなしえなかったことによっている。

これに対し、摂関家に代わって天皇の外戚となったのは、村上源氏顕房流（堀河天皇）・藤原氏閑院流（鳥羽天皇・崇徳天皇・後白河天皇）・藤原氏末茂流（近衛天皇）などである。彼らは、官位・官職の昇進を果たし、また、知行国主や受領を務める国で、在地勢力と院との間を仲介し、荘園の立荘を主導するなどの活動を行った。[10] しかし、あくまでも院に対して従属的な存在でしかなかった点で、彼らは、摂関期までの外戚と決定的に異なる。むろん、平清盛や源頼朝が天皇の外戚となることを望んだように、王権とつながる回路として、天皇との婚姻関係は重要な意味を持っていたが、そうした試みはすべて失敗に終わっている。

3　中世的「家」の形成と王権

外戚か否かと無関係に摂関の地位を世襲した摂関家の成立と、外戚の政治的重要性の低下は、ともに中世的「家」の成立と密接に関わる現象である。中世的「家」の特質として指摘されているのは、家督とともに家職・邸宅・家財・家産機構・荘園などが相伝されること、相伝が男子によって父子直系で行われることである。[11] これによって、家の内部において家長権が確立するとともに、血縁関係において男系が持つ意義が卓越し、婚姻関係の持つ比重が低下したのである。

摂関期以前の親族集団にも男系の原理はすでに現れていたが、実際の生活環境や相続などの際には姻戚関係が大きく作用しており、古代以来の双系制的な原理が色濃く残っていた。そのことは、摂関期の王権をめぐる状況にも大きな影響を与えており、天皇を中心に、母后や外戚である摂関などを含み込んで構成される血縁集団を、栗山圭子は大摂関家と評している(12)。

こうした状況を大きく変えたのは、後三条天皇の後宮政策であった。伴瀬明美が指摘したように、後三条天皇は、道長の男系子孫外の女性である源基子を女御とし、所生の皇子である実仁親王を、白河天皇の皇太子としたのである。これは、有力貴族によって設定された後宮の中で皇位継承者が再生産され、外戚の政治的地位によって皇位継承者が定められる摂関期の後宮のあり方を、打破するものであった(13)。

ただし、白河天皇と皇太子実仁との関係は異母兄弟であり、後三条天皇は実仁の次に実仁の同母弟である輔仁親王を皇位に即けるよう遺言したと伝えられているように(14)、後三条天皇が、皇位の直系継承ではなく兄弟継承を企図していたことは重要である。御堂流においても、道長は、頼通の次に頼通の同母弟教通を摂関とするよう遺言しており、頼通は、治暦四年（一〇六八）の後三条天皇即位に際し関白を辞する以前、康平七年（一〇六四）に、すでに藤氏長者を教通に譲っていた(15)。このように、後三条親政期においては、中世的「家」の特徴である父子直系継承は、いまだ志向されていなかったのである。

直系継承の原理が皇位や摂関の継承に明確に表れるのは、次代の白河親政期に入ってからである。まず、摂関については、教通の死後、頼通の子師実と、教通の子信長との間で、関白就任をめぐる争いが生じたが、白河天皇は、師実を関白とすることで、頼通の子孫が御堂流の嫡流であることを明示した。さらに、堀河天皇が死去し鳥羽天皇が即位すると、現任の関白であったが非外戚の忠実と、鳥羽天皇の外戚であった藤原公実（閑院流）との間で、摂政就任をめぐる争いが生じたが、白河院は忠実を摂政とした[16]。

次に、皇位継承については、応徳二年（一〇八五）に皇太子実仁が死去すると、翌応徳三年（一〇八六）、白河天皇は自身の子である堀河天皇に譲位した。その後、白河院の在世中に、皇位は孫の鳥羽天皇・曽孫の崇徳天皇へと継承され、実に四代にわたる父子直系継承が実現したのである。

院政の始期は、かつては白河天皇が譲位した応徳三年と考えられてきたが、実際に白河院による政務主導が行われたのは、美川圭の指摘する通り[17]、堀河天皇が死去し幼い鳥羽が即位した嘉承二年（一一〇七）以後のことである。問題は、応徳三年の譲位以前に、白河天皇が院政という政治形態を構想していたかどうかであるが、状況的には、院政の意図は認めがたい。皇太子実仁が存在する限り、白河天皇が退位後に政治的影響力を行使しえる可能性はなかったからである。法勝寺創建など、在位中の白河天皇の政策は、将来の院政を見すえたものではなく、あくまでも、天皇としての権威強化を図ったものと評価するべきであろう。実仁の死後、白河天皇が単に自身の子を立太子させるのではなく、一足飛びに譲位を行った理由も、院政を企図したものではなく、後三条天皇の遺言で実仁の次の皇位継承者とされていた、輔仁の存在を警戒したためと考えられる。

巨視的に見て、摂関期から院政期の社会が大きな変革期を迎え、王権が新たな形態を模索していたことは確かであろう。しかしながら、院政という王権のあり方が、道長の王権の直線上に、意図的に導き出された帰結であったとは考えがたい。むしろ、その具体的な形態は、家という極小の場の論理によって生み出されたと考えるのが、王権がきわめて少数の人間に集中する、前近代社会の特徴に適合的である。本書の目的は、この中世前期の院・天皇の家という場を支配する論理が、当該期の政治をどのように規定したかを明らかにすることにある。

第三節　中世的「家」の成立と院政

1　中世的「家」の成立と皇位継承

黒田俊雄は、中世において天皇を輩出する家のことを、当時の史料における表記から「王家」と名付け[18]、公家の中で最大の権門と捉えた。その具体的な構成は第一部で詳述するが、王家とは、天皇の氏族「王氏」の中でも、後三条天皇の男系子孫とその配偶者に限定される血縁集団（家門）であり、その中核となる最小単位として、院・天皇とその配偶者・子孫によって構成される、院の家が存在した。

この院・天皇の中世的「家」について考える場合、その特色として第一に挙げられるのは、家職たる皇位が、父子直系継承されることである。その画期は、先述のごとく、応徳三年（一〇八六）、白河天皇が、弟の輔仁親王を差しおいて、子の堀河天皇に譲位したことにある。

この点に関して、近年、河内祥輔によって、譲位によって直系の皇位継承者を定めることを院政の成立と見なし、光仁天皇が桓武天皇に譲位したことをもって院政の開始と評価する考え方が提示されている。このほか、河内は、皇位の直系継承がすでに六世紀から志向されており、文徳天皇の即位以降は断続的に皇位の直系継承が実現されていると指摘している[19]。

こうした皇位の父子継承の始期に関わる問題は重要な論点であるが、皇位の直系継承は結局院政期まで定着しなかったことに注意する必要がある。その原因は、皇位継承者の決定に、外戚が深く関与していたことにある。仁明天皇・文徳天皇・清和天皇の三代にわたる皇位の直系継承は、天安二年（八五八）に清和天皇がわずか九歳で即位したことによって実現したが、政務不可能な幼帝の即位は、必然的に、政務の代行者を必要とした。すなわち、外祖父藤原良房による政務代行こそがその対応であり[20]、これ以後、外戚の存在が、王権の行使や皇位継承者の決定に、構造的に組み込まれたのである。

以後、約一〇〇年にわたり、基本的に皇位の直系継承が行われたが[21]、こうした状況を終わらせたのは、康保四年（九六七）に行われた、守平親王（円融天皇）の立太子であった。守平親王は冷泉天皇の同母弟であり、安和二年（九六九）に即位したことで皇位の兄弟継承が行われ、以後、皇位は冷泉系と円融系の二つの血統によって交互に継承されたのである。

その背景にあったのは、天皇の外戚をめぐる問題であった。周知の通り、冷泉天皇は精神面で問題を抱えており、政務を執ることが不可能であったが、それにもかかわらず皇位継承者とされたのは、外祖父が右大臣藤原師輔という有力者であったからである。また、同母兄に為平親王が存在したにもかかわらず、円融天皇が皇位継承者とされたのは、為平がすでに源高明の女子を妻に迎えていたため、外戚である藤原師輔一門に忌避されたためであった。冷泉系と円融系の分立は、寛仁元年（一〇一七）に敦良親王（後朱雀天皇）が後一条天皇の皇太弟とされたことで解消されたが、後一条天皇と敦良との双方に男子が誕生すれば、分立状況が再び引き起こされる可能性があった。敦良の立太子を推進したのは、外祖父の藤原道長であったが、道長にとって、分立の火種を除くことよりも、自身の外孫が皇位を継承することの方が重要だったのである。

すでに保立道久によって指摘されている通り[22]、皇位を継承する血統が分立する平安中期の状況は、鎌倉後期のいわゆる両統迭立と呼ばれる状況と類似している。しかし、それはあくまで外形的な現象面での類似であって、外戚の問題によって分立が引き起こされた平安中期の状況と、第二部第四章で詳述するように、家長である院の上位者として、鎌倉幕府が皇位継承に介入したことによって分立が引き起こされた鎌倉後期の状況とでは、背景にある要因がまったく異なる。

こうした二つの歴史的現象の間の段階差を、親族集団のあり方の変化から描き出したものとして、先述した伴瀬明美・栗山圭子による研究[23]は、政治史研究上においても重要な成果である。同様に、政治史研究の立場からも、中世的「家」の成立によるミウチ政治の崩壊を背景に、摂関家との外戚関係が断絶することで父院が天皇の親権を独占し、天皇・摂関の人事権を掌握したことによって、院政が成立したとの指摘が、元木泰雄によってなされている[24]。

しかし、こうした研究によって解明された構造は、あくまで院政成立の要因として捉えられたものであり、中世前期を通じて、そうした構造がどのように政治過程に影響を及ぼしたのかという点は、十分に明らかにされてこなかった。保元の乱、平治の乱、治承・寿永の内乱、南北朝の内乱など、中世前期の戦乱の多くは、政治的には、皇位継承をめぐる争いという形態を取っている。こうした政治的抗争がどのようなメカニズムで引き起こされているのかを分析する上で、院の家長権と皇位継承との関わりを明らかにすることは、重要な課題であるといえよう。

2　皇位継承と王家領の伝領

院・天皇の中世的「家」について、もう一つの重要な要素は、院の下に集積された多数の荘園である。荘園については、かつては在地からの寄進を契機とする荘園形成を重視する研究が中心であったのに対し、近年では、中央からの立荘命令を契機とする荘園形成を重視する研究が、盛んに進められている[25]。

その中で明らかにされた、院政期初頭に成立する中世荘園の特徴は、領域を含み込み荘民を支配するものであること、立荘命令を下せるのは院・女院・天皇・摂関家のみであること、立荘は国家的給付の代替を名目に行われることなどである。そして、鳥羽院政期以降、御願寺の財源としての立荘が大規模に行われ、御願寺の願主である院・女院は、最大の荘園領主として貴族社会に君臨したことが、明らかにされている。院・女院によって伝領される荘園群を、本書では王家領と総称することとするが、王家領荘園の領家・預所となった貴族たちは、伝領者である院・女院に院司として奉仕したため、王家にとって、荘園群は人的組織の基盤ともなったのである。[26]

さらに、荘園は、権門と在地とを結ぶネットワークとしての役割を果たした。治承・寿永内乱の口火を切った以仁王の挙兵が、庇護者である八条院の荘園を介在した人的組織に依拠して行われたように[27]、中世前期の内乱が引き起こされた要因として、中央の政争と在地の状況とが、荘園を介して連動する状況が生じていたことが重要である。

王家領の伝領過程については、戦前以来の多くの研究の蓄積があるが、近年の女院研究の進展によって、女院領は必ずしも院の制約を受けず独自に経営されていたことが明らかにされている。なかでも、とくに重要な研究成果としては、願主の追善仏事が、財源となる荘園群とともに、一体のものとして伝領されたとする近藤成一の研究[28]、皇統から分かれて継承された女院領が、後嵯峨院政期に再び皇統に集積されるという伴瀬明美の研究[29]が挙げられる。女院、とくに未婚内親王女院が大規模荘園群を伝領することについて、かつては、院が、政治の局外にある女院に伝領させることで、所領の保全を図ったとの意義付けがなされていたが[30]、こうした状況は大きく刷新されたのである。

しかし、女院領が皇位とは別に継承される原因については、女院の追善仏事を行う役割に由来するものと指摘した野口華世の研究[31]があるものの、天皇によって継承される六勝寺等でも追善仏事は行われており、願主の追善は、必ずしも女院に限られる行為ではない。未婚内親王によって継承された荘園群も、その本来の形成主体は院であり、院がなぜ荘園の伝領者に未婚内親王を選択したのかは、依然として追究が必要な研究課題として残されている。

政治史的観点からは、鎌倉後期の両統迭立において、長講堂領・八条院領をはじめとする王家領荘園が、両統の財政基盤として重要な役割を果たしたことは周知の通りだが、それ以前の状況において、皇位継承と荘園の伝領とがどのような関係にあったかも、明らかにされていない課題である。この点は、近年の女院の独自性を高く評価する研究動向の中で、より見えにくくなっている状況にあるといえよう。中世前期の政治構造を考える上で、近年の荘園伝領に関する研究成果を批判的に検証し、皇位継承との関係を位置付け直すことが重要なのである。

第四節　本書の構成

以上のような研究課題に鑑み、本書第一部では中世前期の院・天皇を中心とする血縁集団についての分析を行い、第二部ではその構成員相互の関係によって引き起こされる政治的事象の分析と、そこから見出せる中世前期の政治構造の分析を行う。

第一部第一章では、中世前期の院・天皇を中心とする血縁集団の構成と、その内部で院が影響力を及ぼしうる範囲について分析する。近年研究が大きく進展した女性構成員のあり方の問題に比して、研究が遅れていた、皇位継承者以外の男性構成員やその配偶者の具体的な存在形態を分析し、血縁集団全体の構成を解明する。

第二章では、中世前期の院・天皇を中心とする血縁集団の周縁部に位置し、出家した存在でありながら、天皇の子としての待遇を受けた存在である法親王・入道親王について分析する。その政治的役割や、家長である院・天皇との関係を明らかにし、中世前期の政治構造の中に存在を位置付ける。

第二部第一章では、鳥羽院政期の王家を素材に、皇位継承と王家領の伝領との関係を分析する。鳥羽院政期の王家では皇位継承をめぐる争いが生じ、保元の乱の原因となったばかりでなく、その後の内乱期まで続く王家の分裂状況の起点となった。皇位継承と王家領の伝領との関係を分析することで、その原因を解明する。

第二章では、鳥羽院死後の王家を素材に、家長権と政治権力との関係を分析する。院政は父院の家長権による子の天皇への優越を存立基盤とするが、子の二条天皇が父の後白河院を政務運営から排除するにいたる過程や、それを可能とした要因について分析することで、当該期の家長権のあり方を明らかにする。

第三章では、高倉・安徳天皇期の王家を素材に、所領の伝領と外戚との関係を分析する。外戚である平家の強い影響下にあった高倉・安徳天皇期の王家について、本来は院の家長権によって決定される王家領の伝領過程を分析することで、外戚と家長権との関係を明らかにする。

第四章では、院政期から鎌倉中期まで、皇位継承と王家領の伝領について通覧し、家長権の観点から、各家長がどのような王家を構築しどのように所領を継承させようとしたかを、時系列に沿って分析する。これにより、中世前期における家長権の特質と、それに規定される中世前期の政治構造を明らかにする。

注

（1）原勝郎『日本中世史』（講談社、一九七八年、初出一九〇六年）。
（2）石母田正『古代末期政治史序説』（未来社、一九九五年、初出一九五六年）。
（3）黒田俊雄「中世の国家と天皇」（『黒田俊雄著作集第一巻　権門体制論』法藏館、一九九四年、初出一九六三年）。
（4）石井進「院政時代」（『石井進著作集第三巻　院政と平氏政権』岩波書店、二〇〇四年、初出一九七〇年）。
（5）佐藤進一『日本の中世国家』（岩波書店、二〇〇七年、初出一九八三年）。
（6）上島享『日本中世社会の形成と王権』（名古屋大学出版会、二〇一〇年）。

（7）井原今朝男『日本中世の国政と家政』（校倉書房、一九九五年）。
（8）佐藤泰弘「反転する平安時代史——上島享著『日本中世社会の形成と王権』について」（『古代文化』六五—一、二〇一三年）。
（9）典型例として、自らの無力さを「揚名関白」（＝「名ばかりの関白」、『源語秘訣』所引『清慎公記』康保四年七月二二日条）と称した冷泉天皇の関白藤原実頼が挙げられよう。
（10）川端新「院政初期の立荘形態」（『荘園制成立史の研究』思文閣出版、二〇〇〇年、初出一九九六年）、高橋一樹「知行国支配と中世荘園の立荘」（『中世荘園制の成立と鎌倉幕府』塙書房、二〇〇四年、初出二〇〇〇年）、拙稿「徳大寺家の荘園集積」（『史林』八六—一、二〇〇三年）。
（11）高橋秀樹『日本中世の家と親族』（吉川弘文館、一九九六年）。
（12）栗山圭子「後院からみた中世王家の成立」（『中世王家の成立と院政』吉川弘文館、二〇一二年、初出一九九八年）。
（13）伴瀬明美「院政期における後宮の変化とその意義」（『日本史研究』四〇二、一九九六年）。なお、後三条天皇と御堂流との関係については、後三条天皇が御堂流を外戚としていない点を重視する通説に対し、後三条天皇の母である陽明門院が道長の女系の孫であることから、御堂流を実質的に外戚としているとする見解も、河内祥輔によって出されている（「後三条・白河『院政』の一考察」『日本中世の朝廷・幕府体制』吉川弘文館、二〇〇七年、初出一九九二年）。しかし、問題は実態として御堂流が後三条天皇に対し外戚と同様の関与をなしえているかどうかであり、先述した後宮の状況を考慮すれば、否定的な見解に立たざるをえない。
（14）龍粛「三宮と村上源氏」（『平安時代——爛熟期の文化の様相と治世の動向』春秋社、一九六二年）。
（15）『公卿補任』康平七年藤原頼通・藤原教通項、『古事談』二—六一。なお、坂本賞三は、教通の長男信家が、実子のなかった頼通の養子とされ、後継者として遇されていることをもって、すでに直系継承が成立していると見なしている（『藤原頼通の時代　摂関政治から院政へ』平凡社、一九九一年）。しかし、頼通に初めての実子である通房が誕生するのは、道長の存命中の万寿二年（一〇二五）であり、にもかかわらず、教通への摂関譲渡の意思を変更しないことは、摂関の直系継承と明らかに矛盾する。
(16) 元木泰雄「摂関政治の衰退」(『院政期政治史研究』思文閣出版、一九九六年、初出一九九四年)。
(17) 美川圭「公卿議定制から見る院政の成立」(『院政の研究』臨川書店、一九九六年、初出一九八六年)。
(18) 注(3)黒田前掲論文。
(19) 注(13)河内前掲書。
(20) 今正秀『藤原良房　天皇制を安定に導いた摂関政治』(山川出版社、二〇一二年)。
(21) 例外として、元慶八年(八八四)殺人事件にともなう突発的な陽成天皇退位・光孝天皇即位、天慶九年(九四六)男子の誕生を見なかったことによる朱雀天皇退位・村上天皇即位の二例がある。
(22) 保立道久『平安王朝』(岩波書店、一九九六年)。
(23) 注(12)栗山前掲論文、注(13)伴瀬前掲論文。
(24) 元木泰雄「治天の君の成立」(注(16)元木前掲書所収、一九九六年)。
(25) 注(10)川端前掲書、佐藤泰弘『日本中世の黎明』(京都大学学術出版会、二〇〇一年)、注(10)高橋前掲書。
(26) 野口華世「安嘉門院と女院領荘園――平安末・鎌倉期の女院領の特質」(『日本史研究』四五六、二〇〇〇年)。
(27) 上横手雅敬『平家物語の虚構と真実』(塙書房、一九八五年、初出一九七三年)、五味文彦「以仁王の乱――二つの皇統」(『平家物語　史と説話』平凡社、二〇一一年、初出一九八七年)。
(28) 近藤成一「鎌倉幕府の成立と天皇」(『講座　前近代の天皇　一　天皇権力の構造と展開　その一』青木書店、一九九二年)。
(29) 伴瀬明美「院政期～鎌倉期における女院領について――中世前期の王家の在り方とその変化」(『日本史研究』三七四、一九九三年)。
(30) 竹内理三「院政」(藤木邦彦・井上光貞編『体系　日本史叢書一　政治史一』山川出版社、一九六五年)。
(31) 野口華世「中世前期の王家と安楽寿院――「女院領」と女院の本質」(『ヒストリア』一九八、二〇〇六年)。

第一部　中世前期王家の構成

第一章　中世前期の王家と家長

第一節　学術用語としての王家

本章の課題は、中世王家における家長権のあり方を、具体的に分析することである。しかしながら、近年の研究では、王家という概念自体が批判の対象とされており、この問題について考えるためには、王家という概念が妥当であるかどうか、その意味内容をどのように捉えるかという問題について、明らかにしておく必要があるだろう。よって、本章では、まず、天皇を出す一族の親族構造の具体的なあり方と名称の問題について分析を行い、その上で、親族内における家長＝院（ないしは天皇）の位置付けの問題について論じる。

いうまでもなく、王家とは、中世の史料に見える語であると同時に、黒田俊雄によって一九七〇年代に提起された学術用語でもある。学術用語としての王家は、黒田の提唱した権門体制論と密接に関わっており、権門体制論が初めて世に出た論文である「中世の国家と天皇」[1]（一九六三年）の中で、すでに「天皇家（王家）」という形で用いられているが、その内容および意味内容について詳述されているのは、一九七七年の「中世天皇制の基本的性格」[2]と、一九八二年の「朝家・皇家・皇室考――奥野博士の御批判にこたえる」[3]においてである。

前者の中で、黒田は、王家について「一つの家柄、いわば私的な勢力、権門」「天皇を出す私的勢力＝権門」と述べている。後者では、天皇の語は中世ではほとんど用いられず、一般には国王・主上の語が用いられたことを指摘した上で、国王の一族を指す語として、中世では王家・王氏・王室・皇家などがほぼ同義で用いられたのに対し、皇室の語は近代天皇制とともに新しく制定された語であることを指摘している。そして、皇室の語を用いることは、近代以前の王家を近代の皇室への連続性の中に拘束し、諸外国の一般の王家と同質視することを拒否する効果をもたらすと主張している。また、王家の具体像については、天皇を家長とする一箇の家ではなく、いくつもの自立的な権門（院・宮）を包含する一つの家系の総称であったとの見通しを示している。

黒田の権門体制論に対しては、すでに多くの批判がなされているが、王家という呼称は、現在でも広く用いられている。現時点で、その意味内容を最も厳密化して捉えようとした試みは、栗山圭子「中世王家の存在形態と院政」(4)であろう。栗山は、院政期以降の王家に、院を基軸とする院の「家」の成立を想定し、一組の夫婦関係（父院＋国母）を前提にして嫡系継承を指向する院の「家」を「王家」と呼称すること、氏としての王家（王氏）と「王家」とを弁別することを主張している。その上で、院政期の王家では複数の「王家」が分立することなく、基本的には院の「家」と王家が一致し（ここでの王家＝「王氏」）、鎌倉中期以降の持明院統「王家」と大覚寺統「王家」の分立など諸「王家」「宮家」が固化するあり方と質的な差異が存在すると述べている。

これに対し、王家と異なる呼称や枠組みを提示している論としては、第一に、野村育世「中世における天皇家――女院領の伝領と養子」(5)が挙げられる。野村は、服藤早苗の説(6)に依拠し、八世紀末から九世紀にかけて、天皇位を父から子へと父系直系で継承する家の原理が成立したと述べ、さらに、院政期に入ると家族関係によって相伝される家領が形成され、政治の主導権も、それまでの母方一族から天皇の父である上皇（院）へと移動することを指摘する。こうした点から、野村は、天皇の一族には一箇の経営体として完結した「家」は未成立であったが、彼らは平安の初頭から家の原理を有し、それを強化させつつあった、と評価し、こうした原理を持つ集団として「天皇家」の語を用いている。また、伴瀬明美も、「中世の天皇家と皇女たち」(7)の中で、天皇を出す家であるというところにこの家のアイデンティティーがあることを考えたとき、「天皇家」という用語を用いる方がより妥当ではないかと述べている。その他、とくに断りなく「天皇家」の語を用いた論考も数多く存在するが、ここでは、その意味内容をとくに意識した論者として、この二者を挙げておく。

もう一人、岡野友彦は、『中世久我家と久我家領荘園』(8)の中で、「王家領」という呼称に対する批判として、王とは天皇の一族を指す用語であり、その本宗天皇を王とは呼ばないこと、また、王家という用語は、初期の源氏をも含めた皇親賜姓氏族全体を指す語としても用いられており、神祇伯を世職とした花山源氏白川家を指すものとも混乱しやすいことを指摘している。その上で、中世私的権門としての皇族の財産所有主体は治天の君たる院であり、親政期の天皇による荘園領有は後院領という形式を取ったことから、御願寺領・女院領や各宮家などの諸皇族に相続された荘園を、「院宮領」と称している。

ここで問題となるのは、中世の天皇を出す血族に、一つの親族集団としての何らかのまとまりが存在するのか否かである。その上で、もし親族集団としてのまとまりが存在するのであれば、それをどのように名付けるべきかが、次の問題となる。

まず、中世の天皇を出す一族が具体的にどのような形態をとっていたのかを、先行研究に依拠しながら提示しておく。周知の通り、摂関期に冷泉天皇流と円融天皇流の双方で行われていた皇位継承は、寛仁元年（一〇一七）に敦明親王（小一条院）が皇太子位を自ら降り、敦良親王（後朱雀天皇）が立太子して以後、円融天皇流に限定された。しかし、円融天皇流では男子の出生が少なく、若年で死去する男子も多かったため、後三条天皇が即位した時点で、円融天皇の男系の子孫は、後三条天皇とその男子に限定されている。
一方、冷泉天皇流では、花山天皇の子孫でのちに神祇伯を家職とする白川家や、三条天皇の子孫の一部などが、王氏として院政期に入っても存続している。しかしながら、小松馨の指摘するように[10]、彼らは朝廷祭祀の遂行上必要であるがために存在していたのであり、顕広王の代で白川家が王氏長者として独立する以前は、源氏長者の管轄下におかれていた。このように、彼らは本来同じ天皇を出す氏族であるとはいえ、院政期には円融天皇流とは明確に区別される存在であった。

次に、後三条天皇の子孫について見ると、白河院政期の皇位継承問題で長く不安定要素であり続けた輔仁親王は、白河院の弟であるから、いわゆる院の家長権の外にある存在であることは論をまたない。輔仁親王は村上源氏俊房流などに支えられていたことが指摘されており[11]、塩小路烏丸亭（七条宮）で独立した生活を送っていた[12]。中世の天皇を出す一族内には院（女院）・宮が自立して存在しているという見方は、黒田俊雄以来基本的に継承されている共通認識と思われるが、元永二年（一一一九）の崇徳天皇誕生にともない賜姓される以前[13]の輔仁・有仁のあり方は、まさにこうした自立した宮のはしりであったといえよう。

しかし、子の有仁王（源有仁）が白河院の猶子とされ、白河院の院御所で元服しているように[14]、彼らは輔仁親王の次世代にいたっても皇位継承の可能性がある存在として認められ、また、嫡流である白河院の系統との血縁関係も意識されていたといえる。

すでに伴瀬明美が指摘しているように[15]、天皇を出す一族のあり方が大きく変容した契機は、後宮の構成と皇位継承者の決定という皇位継承者再生産システムを、後三条天皇が掌握したことであった。再編された姿が確固たるものとなるのは、長く続いた白河院政を経てのことであるが、その親族集団の範囲は、血統の点では後三条天皇を起点としていたといえる。よって、本書では「後三条親政期以後の、後三条天皇の男系男女子（養子女含む）及び男子の配偶者の女性で構成される親族集団」のことを、王家と称することとする。換言すれば、王家とは後三条天皇の子孫によって構成される一門である。

この一門を王家と称するかどうかは、その語の使用者の研究視角や判断基準と多分に関わっている。筆者としては、皇位継承における後三条・白河期の画期性をふまえると、前代からの連続性で捉え「中世天皇家」とするのではなく、それ以前の段階とは別の呼称を与えるのが妥当であると考える。王家という呼称を選択する理由は、王家が史料上に見える語であり、また中世においては天皇の語がほとんど使用されず一般に国王の語が用いられていた、という黒田の指摘は、やはり重要であると考えた結果である。

なお、後三条天皇の男系の子孫はその後存続しているため、その時代的下限はないが、両統迭立の開始、具体的には建治元年（一二七五）の熙仁親王（伏見天皇）立太子以降は、鎌倉幕府が皇位継承に恒常的に介入し、持明院統と大覚寺統という単位が、王家という枠組みよりも支配的となる。(16)これ以降の親族構造については別の見通しが必要であると考えるが、この点は今後の課題としたい。

また、所領の呼称の問題については、高陽院・皇嘉門院など摂関家出身の后妃女院の所領は摂関家領となるが、それ以外の女院の所領は、第二部第四章で詳述するように、基本的に院政を行う院の皇子女のもとに伝領されるよう、養子女関係が設定されていた。(17)宮家のように男系で所領を伝領する場合もあるが、いずれの場合も、所領は先に述べた王家の枠内で伝領されるのであり、そうである以上、これらの所領を単に院宮領と称するのではなく、枠組みの名を冠して王家領と称するのが妥当であると考える。

一方で、栗山の指摘するように、院政期には、院を家長とする院の「家」が成立している。その範囲がどのようなものであるかについての私見は次節で詳述するが、先述したように、白河院政期の輔仁・有仁が院の「家」に単純に包摂される存在でなかったことは、いうまでもない。有仁は賜姓されて王家から切り離されたため、王家内部の男系としては断絶するが、後嵯峨天皇即位以前の土御門天皇の子孫や、承久の乱後の順徳天皇の子孫は、両統迭立の開始以前から、院の「家」とは別に存在し、男系継承を行っている。

すでに栗山自身が、先に挙げた論考の中で、院政期の王家は厳密には院の「家」の周辺に自立的な女院等を配した総体である旨を述べている。初期の王家において院の「家」以外の男系継承が困難であるとの栗山の指摘は重要であるが、やはり王家について考える上では、皇位を継承しない男系の存在も議論に組み込むべきであろう。

院の「家」の問題でもう一点重要なのは、嫡系継承されない要素が非常に大きいということである。家の継承といった場合、具体的に継承されるものは、主に家職・宝物・記録・邸宅・寺院・荘園・人的組織であろう。このうち、王家では家職・宝物・記録[18]などは一般的に継承されており、渡物的性格を帯びているが、邸宅・寺院・荘園については、父子相続であっても大部分は継承されなかった[19]。人的組織についても、実務官僚系の院近臣は代々の院に仕え定着し、名家として家格を確立させる一方で、鳥羽院政期の藤原家成、後白河院政期の藤原信頼・藤原光能・高階泰経、後鳥羽院政期の藤原範茂・藤原秀康など、院近臣層の傍流やさらに下層の近習から、院の代替わりごとに新たな近臣団が形成される。

さらに、皇位とそれに付随する宝物・記録などの嫡系継承は、政治的事情により頻繁に断絶している。河内祥輔は、その移り変わりを、継続する正統＝〈幹〉と、断絶した傍流＝〈枝〉として捉えているが[20]、王家について考える場合には、嫡系継承の断絶の問題を組み込む必要がある。

以上の点に鑑み、院の「家」に関しては、その継承の側面よりも、むしろ、そのつど形成される経営体としての個別的な側面を重視するべきであると考える。そこで、本書では、それぞれの院の個別の「家」について、各時点での天皇の直系尊属の男性で最も世代が上の人物（父親以上の世代が不在の場合は天皇自身）を家長と見なし、その家に院・天皇の名を冠して「〇〇院家（〇〇天皇家）」と呼ぶこととする。すなわち、中心に個別の院（天皇）の家が存在し、その周囲に門流としての王家という枠組みが存在し、さらにその外に王氏という枠組みが存在するという、三重の同心円構造の親族集団として理解する、ということである。

このように捉えたとき、問題は、中世の特色である嫡系継承の原理をどのように組み込むかである。この点については、皇位を複数の世代にわたって男子直系によって継承した存在を、原則的に、それぞれの継承開始者の院号を冠して「〇〇皇統」と呼ぶこととしたい。その起点については、後三条天皇は退位に際し実仁親王を白河天皇の皇太弟とし、さらにその弟である輔仁親王を継承者に定めたように(21)、嫡系継承を放棄しているため、白河天皇を起点として、白河天皇―堀河天皇―鳥羽天皇―崇徳天皇＝近衛天皇（養子）を白河皇統とする(22)（図1）。

近衛天皇の死後には後白河天皇が即位するが、後白河天皇は皇太子守仁親王（二条天皇）への中継ぎとして立てられており(23)、皇統として連続的には評価しない。こうした即位時の事情や、後白河院が二条天皇によって政務から

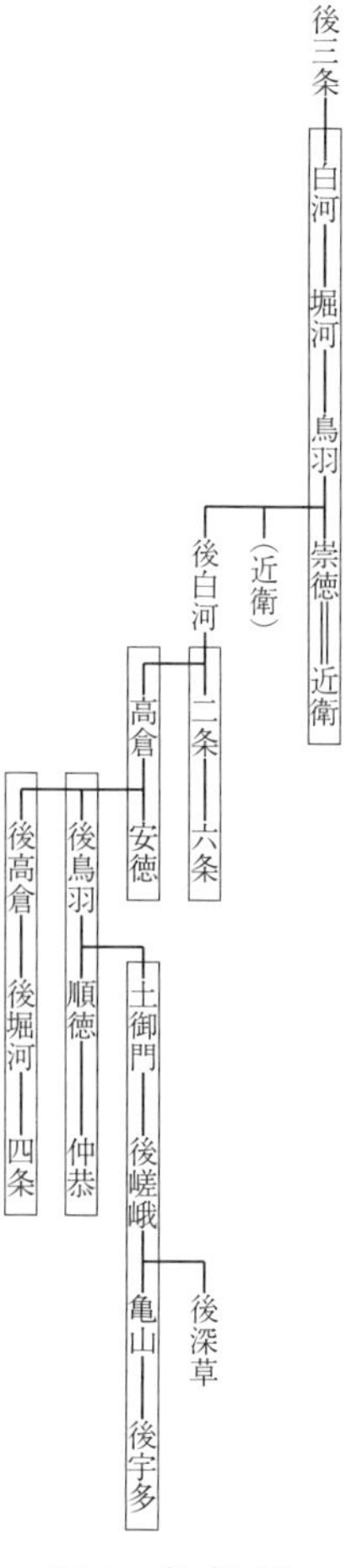

図1　皇統図
注：□が各皇統.

排除されていることから、(24) 後白河院と二条天皇についても、皇統としての連続性は希薄である。また、後白河院と高倉天皇の場合も、治承三年政変（一一七九）によって政治的断絶が生じている。後鳥羽天皇への皇位継承はこうした複雑な政治過程の結果であり、そこに後白河院自身の意図的な要素を見出すのは難しい。父子継承の観点からは、むしろ、結果的に二代で断絶したとはいえ、二条天皇─六条天皇と継承された二条皇統、高倉天皇─安徳天皇と継承された高倉皇統を、皇統として評価するべきであろう。

後鳥羽天皇は若年で土御門天皇に譲位するが、のちに土御門天皇の弟である順徳天皇へと皇位を継承させていることから、後鳥羽天皇─順徳天皇─仲恭天皇を後鳥羽皇統とする。承久の乱により後鳥羽院が配流された後は、後堀河天皇が即位し、父の守貞親王が後高倉院として院政を行っている。自身は皇位に即いていないとはいえ、後高倉院を起点として、後高倉院─後堀河天皇─四条天皇を後高倉皇統とする。

仁治三年（一二四二）に四条天皇が男子なく死去し、後嵯峨天皇が即位するが、後嵯峨天皇の父土御門天皇を起点として、土御門天皇─後嵯峨天皇─亀山天皇─後宇多天皇を土御門皇統とする。後深草天皇については、亀山天皇への兄弟継承が行われていることに加え、後嵯峨院存命中の文永五年（一二六八）に世仁親王（後宇多天皇）が立太子することにより、後深草天皇が皇統から排除されることが明示されているため、(25) 土御門皇統としては考えない。建治元年（一二七五）の熙仁親王（伏見天皇）立太子により、皇位継承者の決定が完全に鎌倉幕府によって行われるようになったことから、家長による嫡系継承への意思の結果形成される皇統として評価するのはここまでとなる。

このように、中世前期の王家における皇位継承は、二～四世代で細かく断絶した嫡系継承の集積であったといえる。これは、継承予定者の急死など嫡系継承の原理そのものに内包される不安定性に加えて、新家長による皇位継承予定者の改変、他権門との間の争いなどの政治的な要因によって、皇位継承が左右された結果である。天皇の直系尊属であることが院政を行う条件であったことの影響が、ここに直接的に表れているといえよう。

なお、皇統とは、同時代に特有に見られる史料用語である。皇統の語の用例は、六国史では桓武天皇の和風諡号「日本根子皇統弥照尊」のほかに一例のみ見え[26]、摂関期には一例のみ見えるが[27]、白河院政末期の大治三年（一一二八）一〇月二二日付白河院八幡一切経供養願文を皮切りに[28]、数例が見られるようになる[29]。その後、両統迭立の開始とともに用例が増え一般化するが[30]、このことは、皇統の語が、皇位継承をめぐる正統性の問題、すなわち、嫡系か否かが重要視されるようになったことに対応して用いられるようになったことを示していよう[31]。

第二節　院の「家」の範囲と家長

すでに述べたように、中世の院の「家」が完結した一つの経営体ではないことは、先学のたびたび指摘するところであり、院の「家」の範囲は、単純に経営の問題からのみでは測れない。この問題についての重要な研究として先に挙げた栗山論文では、院の「家」を父院・国母という一組の夫婦関係とその皇子女として捉えており、父院と同居の国母の家産機構の共同経営については、先行研究でも明らかにされている[32]。しかし、中世の王家では、当然ながら一夫多妻が基本であった。では、国母以外の妻后やその所生の皇子女は、院の「家」の中でどのように位置付けられるのであろうか。

まず、妻の処遇について分類すると、①正式の妻后・女院として院と同居する、②正式の地位を与えられない女房として同居する、③正式の妻后・女院だが院と別居する、④院と非公式な関係を持ち別居する、という四通りが考えられる。具体例として、たとえば鳥羽院の場合、①は待賢門院・美福門院、②は土佐局（源光保女子）など、

③は高陽院、④は后妃とされる前の美福門院が挙げられる。

次に、男子の処遇については、①皇位を継ぐ、②皇位には即かないが在俗、③出家、④臣籍降下にまず分けられ、さらに②③については親王宣下を受けるか受けないかでさらに分けられるので、合計六通りが考えられる。このほか、後鳥羽院自身も認知しながら公式には皇子と扱われることのなかった賀茂氏久[33]のように、落胤も存在したはずであるが、男子の場合はその存在が皇位継承の問題と直結するため、基本的には大多数が貴族社会で皇子として認識されている。

これに対し、女子の場合は、内親王宣下が行われるのはほとんどが斎王・斎宮の卜定の際に限定され[34]、また、中世前期では皇女の若年での出家は一般化していないため、男子の場合のような公的身分による類型化は難しく、公的に認知されていない存在は、男子の場合以上に多かったと想定される。これは、当時の皇女が基本的に皇位継承の可能性を持たないことと関わっているだろう。むしろ、それゆえにこそ、イレギュラーな内親王宣下や、准母立后、院号宣下、入内といった、政治的に特異な事例が重要であるといえる。

この点と関連して、女子の場合に重要なのは、生活形態による分類である。中世前期の王家の女子の生活形態は、①父院・国母と同居、②他の女院らの養女となり別居、③家長と別居の母が養育、④父母の近臣が預かり養育、という四通りが考えられる。このうち、①については栗山圭子によって嫡女として評価されている[35]。②については、その目的が、院の「家」の外部にある荘園を家長権の枠内へ取り込むことと、皇女への経済基盤付与とにあることを拙稿で指摘した[36]。④は史料上「養君」と呼ばれ、皇子女の養育を院と近臣との主従関係の中に組み込んだものとの評価が、伴瀬明美により与えられている[37]。

以上のように、院の婚姻関係・親子関係を見た場合、その中核部分は当然同居の妻后とその所生の皇子女にあるが、相対的につながりが希薄な者が、周縁部に存在していた。これらの存在は、家長が代替わりすると、新家長の家から分離することとなる。このうち、法親王など出家した男子の場合は、一部は門跡などとして新家長の皇子が迎えられ、宗教的に継承される。また、未婚内親王の場合は、新家長の皇子女を養子女として迎えることで、追善仏事や荘園が継承される。このように、実子を持たず血統としては断絶する存在については、師資相承や養子女関係の設定によって新家長との関係が更新されるが、問題は、在俗の親王や、皇統から外れた院など、男系で存続することが可能な者たちの存在形態である。彼らはどのように生活し、一門の長である院とどのような関係にあったのであろうか。

鳥羽院政期において、崇徳院は近衛天皇即位後も完全に鳥羽院家外部の存在となったわけではないが、一方で、崇徳院は成勝寺領など独自の経済基盤を持ち、一定の自立性を備えていた(38)。注目すべき点は、即位以前の雅仁親王（後白河天皇）も同母兄の崇徳院と同居していたことであり(39)、待賢門院の追善仏事が崇徳院を中心に行われていたことから考えても(40)、待賢門院所生の皇子女が一つの親族集団として存在したことは疑いない。

これに対し、後白河院政期の六条院は、祖父後白河院と父二条院との対立の結果、二条院によって皇位に即けられたが、退位後は祖父である後白河院と同居している(41)。これは、父二条院が永万元年（一一六五）に死去し、実母伊岐致遠女子は非常に身分が低く(42)、養母の藤原育子も承安三年（一一七三）に死去するなど、後ろ盾も経済基盤も欠いていたという事情によるのだろう。後白河院の側でも、当時擁立していた高倉天皇の対立者たりうる可能性を持つ存在である六条院を野放しにしておく危険性を考慮すれば、祖父として同居し自身の管理下におくことには政治的意義があったと考えられる。一方で、八条院の後援を得、また自身の所領として城興寺領を保持していた以仁王の場合は、のちの挙兵に見られる通り、政治的・経済的に独自の地位を保っていた(43)。

後鳥羽親政・院政期には、守貞親王（後高倉院）・惟明親王の二人の皇子が、後鳥羽院家の外部に存在している。守貞親王については、壇ノ浦合戦後に上西門院の養子となり、その後は乳母夫藤原基家が養育したことが知られている。妻の北白河院は基家の女子であり、御所である持明院殿は基家の邸宅であったように、成人後も、守貞親王は基家の家に依拠して生活していた(44)。惟明親王の生活形態についてはほとんど知られるところがないが、七条院の猶子とされ七条院の御所で元服していることから(45)、七条院の庇護を受けて生活していた可能性がある。

また、土御門院は後鳥羽院の長男であったが、異母弟である順徳天皇の即位によって、皇統から外されていた。土御門院は譲位直後に大炊御門京極殿を院御所としているが(46)、大炊御門京極殿は、もと藤原兼子の邸宅であった(47)。土御門院の正妻である陰明門院は藤原頼実の女子であったから、退位当初は藤原頼実・兼子夫妻が経済的に奉仕していたものと思われる。

ところが、建保二年（一二一四）の大炊御門京極殿焼失以後、土御門院は母の承明門院と土御門殿で同居していることから(48)、これ以後は母の後援により生活するよう移行したものと考えられる。このことは、妻の源通子が承明門院の姪であり(49)、即位前の邦仁王（後嵯峨天皇）を承明門院が後見していたことからも明らかである(50)。

これに対し、順徳院の同母弟である雅成親王の場合は、宣陽門院の養子として、宣陽門院御所である六条殿に居住している(51)。また、順徳院の異母弟である頼仁親王は、母藤原信清女子が藤原兼子の養女とされていたことから、藤原兼子により養育されていた(52)。周知の通り、雅成親王・頼仁親王はともに源実朝の後継者の候補に挙げられているが(53)、これはのちの後嵯峨院政期の宗尊親王の事例と同様、在俗の皇子の身の振り方として、将軍として鎌倉幕府に下向することが選択肢の一つになっていたことを意味している。

承久の乱後、後鳥羽院とその皇子は配流され、後高倉院政が開始されるが、土御門院・順徳院の皇子たちは在京している。このうち、土御門院の皇子では、先述のように邦仁王（後嵯峨天皇）が承明門院に養育され、その他の皇子は多くが出家している。また、順徳院の皇子は、のちに修明門院領の相続をめぐる相論が発生していることから、布谷陽子の想定するように、おそらく修明門院の庇護下におかれたものと思われる。(54)ただし、仲恭天皇のみは、退位後は母東一条院が養育していたことが知られる。(55)これは、東一条院が摂関家出身の后妃であることと関係していると思われる。のちに四条天皇が死去し、後高倉皇統が断絶した際も、准母である式乾門院など後高倉皇統に連なる女性は存命であるにもかかわらず、追善仏事・墓所は外祖父九条道家が沙汰しており、(56)摂関家出身后妃所生の皇子とそれ以外の皇子とでは、親族としての扱いに違いが存在したものと考えられる。

以上のように、在俗の親王や、皇統から外れた院など、男系で存続していた者たちの多くは、現実には、ほとんどが母系・外戚・妻の実家・乳母の一族などによる後援に依拠して生活していた。なかでも、とくに目を引くのは、母系・外戚による後援の事例が多数を占めることである。未婚内親王の多くが他の女院の養女となることで経済基盤を獲得している点を考え合わせると、家長による直接的な経済基盤付与により生活する者は、ごく少数であったと見てよい。

第二部第四章で詳述するが、院政を行う院が自身の皇子女を他の女院たちの養子女とすることができた理由は、荘園の本家の地位を継承するためには院の皇子女としての権威が必要であったからであり、院の家長権とは別の原理によっていた。(57)院政成立やその政治構造の問題を分析する上で、天皇に対する院の家長権の問題は重要な論点であるが、王家という一門の枠組み全体で見れば、院が一門の長として権限を及ぼしうる範囲はかなり限定的であり、過大に評価することはできないのである。

おわりに

以上、中世前期の王家の構造について、家長との関わりから私見を述べてきた。近年の王家研究では、とくに個別の女院について多くの新たな知見が示されてきたが、男子の構成員も含めた形で総合し、その全体像を示すべき段階にあることは間違いないであろう。本章で示したものはあくまで一試案であり、今後こうした議論がさらに行われる一つのきっかけとなれば幸いである。

注

（1）黒田俊雄「中世の国家と天皇」（『黒田俊雄著作集第一巻　権門体制論』法蔵館、一九九四年、初出一九六三年）。
（2）黒田俊雄「中世天皇制の基本的性格」（注（1）黒田前掲書所収、初出一九七七年）。
（3）黒田俊雄「朝家・皇家・皇室考――奥野博士の御批判にこたえる」（注（1）黒田前掲書所収、初出一九八二年）。
（4）栗山圭子「中世王家の存在形態と院政」（『中世王家の成立と院政』吉川弘文館、二〇一二年、初出二〇〇五年）。
（5）野村育世「中世における天皇家――女院領の伝領と養子」（前近代女性史研究会編『家族と女性の歴史　古代・中世』吉川弘文館、一九八九年）。ただし、野村育世『家族史としての女院論』（校倉書房、二〇〇六年）ではこの部分は削除されており、全体として「王家」の語が用いられているが、その理由等は記されていない。
（6）服藤早苗「山陵祭祀より見た家の成立過程――天皇家の成立をめぐって」（『家成立史の研究――祖先祭祀・女・子ども』校倉書房、一九九一年、初出一九八七年）。
（7）伴瀬明美「中世の天皇家と皇女たち」（『歴史と地理』五九七、二〇〇六年）。
（8）岡野友彦『中世久我家と久我家領荘園』（続群書類従完成会、二〇〇二年）。

（9）天喜三年（一〇五五）に「天暦以後王氏」の宣下を受けている源通季（『本朝皇胤紹運録』）など。
（10）小松馨「白川伯王家の成立」（『神道宗教』一一六、一九八四年）。
（11）龍粛「三宮と村上源氏」（『平安時代』春秋社、一九六二年）。
（12）『長秋記』元永二年一一月二九日条。
（13）崇徳天皇の誕生は元永二年五月二八日（『中右記』同日条）、源有仁の賜姓は同年八月一四日（『中右記』同日条）。
（14）『永昌記』永久三年一〇月二八日条（『親王御元服部類記』所収）。
（15）伴瀬明美「院政期における後宮の変化とその意義」（『日本史研究』四〇二、一九九六年）。
（16）拙稿「中世前期の政治構造と王家」（本書第二部第四章、初出二〇一〇年）。
（17）注（16）拙稿（本書第二部第四章）。
（18）松薗斉「天皇家」（『日記の家』吉川弘文館、一九九七年、初出一九九二年）。
（19）注（16）拙稿（本書第二部第四章）。
（20）河内祥輔『中世の天皇観』（山川出版社、二〇〇三年）。
（21）注（11）龍論文。
（22）初出時には、鳥羽天皇―近衛天皇を鳥羽皇統としていたが、拙稿「鳥羽院政期王家と皇位継承」（本書第二部第一章、初出二〇一二年）で詳述するように、近衛天皇は崇徳院の養子として即位しており、近衛天皇の即位時点で崇徳院が皇統から排除されているわけではないため、近衛天皇も含めて白河皇統であると評価を改めた。
（23）橋本義彦「保元の乱前史少考」（『平安貴族社会の研究』吉川弘文館、一九七六年、初出一九六二年）、同『藤原頼長』（吉川弘文館、一九六四年）。
（24）拙稿「二条親政の成立」（本書第二部第二章、初出二〇〇四年）。
（25）注（16）拙稿（本書第二部第四章）。
（26）『続日本紀』天平神護元年八月庚申朔条。

(27)『権記』寛弘八年五月二七日条。
(28)『本朝続文粋』巻一二所収。
(29)保延五年四月一日付鳥羽院告文（石清水八幡宮文書田中家文書）、治承三年一二月二七日平頼盛奉免状（『平安遺文』三九〇〇号）など。
(30)嘉元三年一一月四日付亀山院庁願文（『鎌倉遺文』二二三八四号）、嘉暦元年五月二八日付後伏見院告文（『鎌倉遺文』二九五〇八号）など。
(31)なお、鎌倉期の王家では、皇統のほかに、所領と天皇の追善仏事を相伝する「皇統」と呼ぶべきものが分立し、それが両統迭立の前提となっていたとする見解が近藤成一「鎌倉幕府の成立と天皇」（『講座 前近代の天皇 一 天皇権力の構造と展開 その1』青木書店、一九九二年）により示されている。所領と天皇の追善仏事が合わせて継承されるという現象の指摘は重要であるが、本書第二部第四章で詳述するように、家長である院は、養子女関係を通じて、所領を自身の皇子女の下におこうとしていた。また、所領群を継承した主体においても、継承される仏事の対象者と自身との間に位置する伝領者の存在は、ほとんど意識されていない。以上の理由から、所領と天皇の追善仏事を相伝する存在を「皇統」と呼称するのは、適切を欠くと考える。そこで、本書では「皇統」の呼称を用いない。
(32)伴瀬明美「院政期～鎌倉期における女院領について――中世前期の王家の在り方とその変化」（『日本史研究』三七四、一九九三年）、栗山圭子「院政期における国母の政治的位置」（注(4)栗山前掲書所収、初出二〇〇二年）。
(33)目崎徳衛『史伝後鳥羽院』（吉川弘文館、二〇〇一年）。
(34)注(7)伴瀬論文。
(35)注(4)栗山論文。
(36)注(16)拙稿（本書第二部第四章）。
(37)注(7)伴瀬論文。
(38)注(16)拙稿（本書第二部第四章）。

(39)『兵範記』久寿二年七月二四日条。
(40)注(16)拙稿（本書第二部第四章）。
(41)『百錬抄』安元二年七月一七日条。
(42)拙稿「徳大寺家の荘園集積」(『史林』八六―一、二〇〇三年)。
(43)上横手雅敬『平家物語の虚構と真実』(塙書房、一九八五年、初出一九七三年)、五味文彦「以仁王の乱――二つの皇統」(『平家物語　史と説話』平凡社、二〇一一年、初出一九八七年)。
(44)角田文衛『平家後抄　落日後の平家』(講談社、二〇〇〇年、初出一九八一年)。
(45)『百錬抄』建久六年三月二九日条。
(46)『宮槐記』承元四年一一月二五日条(『御譲位部類記』所収)、『猪隈関白記』建暦元年正月一日条。
(47)『海戸記』建仁二年一〇月一九日条(『仙洞御移徙部類記』所収)。
(48)『百錬抄』建保二年一一月三〇日条。
(49)『尊卑分脈』。
(50)『増鏡』第四　三神山。
(51)『猪隈関白記』正治二年一一月三日条など。
(52)『愚管抄』巻第六。
(53)『吾妻鏡』承久元年二月一三日条。
(54)布谷陽子「七条院領の伝領と四辻親王家――中世王家領伝領の一形態」(『日本史研究』四六一、二〇〇一年)。
(55)『百錬抄』文暦元年五月二〇日条。
(56)『帝王編年記』寛元二年正月九日条、『葉黄記』寛元四年正月八日条、九条道家物処分状(『鎌倉遺文』七二五〇号)。
(57)注(16)拙稿（本書第二部第四章）。

補論　史料用語としての「王家」

1　はじめに

近年の家族史研究の進展の中で、中世における天皇の氏族のあり方が明らかにされたことは、重要な成果の一つである。後三条親政期から白河親政期・院政期にかけて、天皇の氏族のあり方が大きく変容し、嫡系継承が重視される父系親族集団が形成されることは、すでに通説化している。また、そうした枠組みの中で、院の正妻として天皇の母となった国母や、大規模な荘園群を伝領した内親王女院などが持つ政治的重要性の大きさも、共通認識となっている。さらに、この親族集団内には個別の院・女院・宮などが自立して存在していることも、すでに明らかになっている。

こうした成果の一方で、この中世における天皇の父系親族集団をどのように呼ぶべきかについては、「王家」という呼称が多用されているものの、すでに本章で述べたように、それに対する批判も提出されている。筆者自身は「王家」の呼称を使用しているが、その根拠は、本章で述べた通り、「王家」が史料上に見える語であるという点を重視したことによる(1)。

史料上に見える「王家」の用例については、この呼称の提唱者である黒田俊雄の所説の中ですでにいくつか挙げられているので(2)、本章の初出時には、とくに用例を示さなかった。しかし、近年、史料用語としての「王家」についても、「王家」の語の用例には「国王（天皇）を頂点とした政府・統治機構」、すなわち、「朝廷」の意で用いられたものが数多くあり、この点で、「朝家」「皇家」といった語と同様であるという、遠藤基郎・岡野友彦による批判が提出されている。(3) また、黒田俊雄がほぼ同義の語であるとした、「王家」と「皇家」という二語の間には、使用頻度に差異はなく、「王家」の語を選択するのは恣意的であるとの指摘も、岡野友彦によってなされている。(4) さらに、「王家」の語を使用する立場からではあるが、院政期には、いまだ天皇の血族をファミリーとして捉えるという概念が出現しておらず、「王家」の語は定着していないとの指摘が、本郷和人によってなされている。(5)

　これらは、黒田説に対する正当な批判であり、天皇の父系親族集団を指す語として「王家」の語が妥当か、複数ある類義語のうち「王家」をなぜ選択するのか、院政期の同時代人にその認識があるのかといった点について、今少し論拠が必要であろう。ここでは、これに関して従来言及されてこなかった用例を挙げ、議論を深めてみたい。

2　『長秋記』長承三年閏一二月六日条に見える「王家」

　長承三年（一一三四）閏一二月、三重塔と経蔵の造営が進む法金剛院について、一つの問題が持ち上がった。三重塔の供養が北向きで行われることと、塔内の四方におかれる仏像がそれぞれ背を向けて配置されていることの二点に関して、不吉であるとの異論が出されたのである。法金剛院の願主である待賢門院は、異論の根拠について、院司である源師時に調査を命じた。異論をもたらした判官代藤原親隆に、師時が問いただした内容は、師時の日記『長秋記』から知ることができる。

（前略）招二親隆一問二子細一、答云、法金剛院御塔事、供養日許於レ北向、於レ後可レ向二他方一事、幷四方四仏背向奉レ居事、共不レ可レ然之由、勧修寺寛信僧都・（脱アルカ）也、故何者、供養日以二向方一長可レ用二正方一、後日雖二改定一、其儀無レ謂歟、又四方四仏、後令レ奉レ居事、尚不快、東寺講堂各向二本方一奉レ居レ仏、仍其仏向レ背、依レ是東寺末

流区々相分、所々散在之由、故人所㆓申伝㆒也、而今王家余流相分給事、尤御用心可㆑候者（後略）

（『長秋記』長承三年閏一二月六日条）

異論の主は寛信、のちに東寺一長者となる真言宗の高僧で、師の厳覚より東密小野流の法脈を承け、当時は勧修寺別当であった。親隆と寛信は兄弟であり、寛信は、弟の親隆を通じて、思うところを待賢門院に伝えたのだろう。

二つの論点のうち、一つ目の塔の向きに関するものは、「供養の日の塔の向きをそのまま正式の向きにするものであり、後日に向きを改定するというのはいわれがない」というだけの内容であるから、ここではそれ以上立ち入らない。問題は、二つ目の論点、「四方の四仏を背中合わせの向きに配置するべきではない」ということの論拠である。寛信のいうところは、「東寺の講堂の仏像を背中合わせに安置したため、東寺の法流は分立し、あちこちに散在してしまった、と言い伝えられてきた。しかるに今、王家の別の系統が分立することについては、最も用心が必要である」ということであった。

ここで、「王家」が「朝廷」の意ではないことは一目瞭然だが、天皇の氏族としての「王氏」とも、同義ではない。なぜなら、このとき、花山天皇の子孫で、のちに神祇伯を家職とする白川家や、小一条院の子孫の一部など、冷泉天皇流の子孫が王氏の枠の中に存在しているが、彼らの存在は、ここでは捨象されているからである。後三条天皇の孫で、すでに臣籍に下っている源有仁や、後三条天皇の子孫で、すでに僧となっている覚法法親王などについても同様である。

寛信の言葉に「今」とあるように、寛信の心配は、長承三年における後三条天皇の在俗男系子孫、具体的には、鳥羽院の家の状況に即したものであった。周知のように、待賢門院は、鳥羽院が天皇として在位中の永久五年（一一一七）に中宮とされて以来、長くその正妻の地位にあり、また、所生の崇徳天皇が保安四年（一一二三）に即位したことによって、国母として重きをなしていた。ところが、この前年の長承二年（一一三三）六月、摂関家から藤原泰子（高陽院）が鳥羽院に入侍しており、この年三月には皇后に立てられている。また、この年の夏には、藤原得子（美福門院）が鳥羽院に非公式に入侍し、寵愛を受けている(6)。

これ以前、待賢門院以外の女性では、紀家子が、鳥羽院との間に道恵・覚快の二皇子を生んでいるが、この二皇子は、のちにともに幼くして僧となっている(7)。また、紀家子は待賢門院に仕える女房であり(8)、道恵はこの直前の同年一二月二八日に待賢門院のもとで着袴を行うなど(9)、待賢門院の影響下にある存在であって、待賢門院の脅威とはなりえなかった。

これに対し、泰子・得子は、待賢門院にとって強力な競争相手であった。泰子は入侍した時点ですでに三九歳と高齢であること、得子は諸大夫という低い身分の生まれであり、かつ、すでに父長実も死去していることというように、両者はそれぞれ難点を抱えていたが、それでも、両者が鳥羽院との間に男子を儲ければ、崇徳天皇とは別の男系子孫の分立につながる可能性は十分にあったのである。

第二部第一章で詳述するように、結局、保延五年（一一三九）、現実に得子が鳥羽院の皇子体仁（近衛天皇）を生むと、崇徳天皇が体仁を養子とすることで、分立を防ぐ処置が取られたのであるが(10)、この長承三年の時点で、寛信たちはそのことを知る由もない。寛信にとって、それは蓋然性の高い危惧であり、それゆえに、待賢門院も寛信の言い分に得心を示しているのである。

なお、寛信のいう「東寺末流区々相分」とは、いうまでもなく、東密において小野流と広沢流が分立し、両流の中でさらなる分立が生じている状況を指す(11)。寛信の師厳覚の法流についても、寛信のほかに増俊・宗意が受け継いでおり、寛信はまさに分立の当事者であった。そのことも、寛信がこうした危惧を抱いた一因となっていよう。

3　おわりに

ここまで取り上げてきた『長秋記』長承三年閏十二月六日条に見える「王家」の用例は、決してこの語の初見というわけではない。たとえば、摂関期の藤原実資四十九日願文[12]（寛徳三年〈一〇四六〉三月二日付）に、すでに「抑相府平日雖レ仕二王家一、多年深帰二仏道一」とあり、ここでの「王家」は、当然「朝廷」とほぼ同義である。この「朝廷」とほぼ同義の用例はこの後も一貫して見え、むしろ、「王家」「皇家」ともに、こうした用例の方が多数であるように見えるとの指摘に対しては、筆者も賛同する。

しかし、先に示した『長秋記』の用例に見えるように、中世における天皇の父系親族集団は、同時代においてはっきり客体として認識され、それを指す呼称として、「王家」が使用されているのである。この呼称の用例が希少な理由は、概念の未成立によるのではなく、記述の多くが院・女院・天皇といった各成員相互の関係の説明という形を取り、親族集団全体の呼称が必要とされることが少ないことによるのであろう。

何かある新たな事象を指す語が必要となったとき、すでに存在する類義の語を転用することはままある。後三条天皇以後、新たに現出した天皇の父系親族集団を表す語として「王家」が選択された意義は、やはり大きいと思われる。すでに黒田の指摘している事例であるが、のちに元弘の変で後醍醐天皇が捕えられた際、花園院は自身の日記に「王家之恥何事如レ之哉」と評している[13]。構成員自身も、自らの属する父系親族集団を「王家」と認識しているのである。

「王家」の新たな用例が出現するのと同じ事情で、ほぼ同時期に用例が見え始める語が、「皇統」である。すでに本章で述べた通り[14]、院政期以前の「皇統」の語の用例は、固有名詞を除けば『続日本紀』『権記』の中で各一例見られるのみであったが[15]、大治三年（一一二八）一〇月二二日付の白河院八幡一切経供養願文[16]を皮切りに、用例が散見するようになり、両統迭立期には用例がさらに増加する。これは、院政開始以前にはしばしば皇位が父子間以外の関係で継承されたのが、院政の開始により皇位の父子継承が一般化し、両統迭立の開始によって嫡系としての正統性が重要視されるようになった、という変化と軌を一にするものである。「王家」「皇統」の新たな用例の出現は、ともに、この時期の天皇の親族集団の変質に対応する現象であるといえよう。

ある時代に固有に見える歴史的事象を指す語として、同時代の史料上に見える特有の表現を採用するというのは、歴史研究におけるオーソドックスな命名法の一つであろう。この場合は「特有の表現」ではなく「特有の語義」であるが、中世における天皇の父系親族集団を指す呼称として、「王家」にはその資格があるのではないだろうか。

注

（1）拙稿「中世前期の王家と家長」（本書第一部第一章、初出二〇一一年）。
（2）黒田俊雄「朝家・皇家・皇室考――奥野博士の御批判にこたえる」（『黒田俊雄著作集第一巻　権門体制論』法蔵館、一九九四年、初出一九八二年）。
（3）遠藤基郎「院政期「王家」論という構え」（『歴史評論』七三六、二〇一一年）、岡野友彦『院政とはなんだったのか「権門体制論」を見直す』（ＰＨＰ研究所、二〇一三年）。
（4）注（3）岡野前掲書。
（5）本郷和人『謎とき平清盛』（文芸春秋、二〇一一年）。
（6）詳細は角田文衛『待賢門院璋子の生涯　椒庭秘抄』（朝日新聞社、一九八五年、初出一九七五年）参照。
（7）『長秋記』保延元年三月二九日条、『台記』天養元年一二月二七日条。

（8）『長秋記』長承二年六月七日条。
（9）『長秋記』長承三年一二月二八日条。
（10）拙稿「鳥羽院政期王家と皇位継承」（本書第二部第一章、初出二〇一二年）。
（11）櫛田良洪『真言密教成立過程の研究』（山喜房仏書林、二〇〇三年、初出一九六四年）。
（12）『本朝続文粋』巻一三所収。
（13）『花園天皇宸記』元弘元年別記一〇月一日条。
（14）注（1）拙稿（本書第一部第一章）。
（15）『続日本紀』天平神護元年八月庚申朔条、『権記』寛弘八年五月二七日条。
（16）『本朝続文粋』巻一二所収。
（補注）なお、ある時代固有の歴史的事象を指す学術用語というものは、そもそも当該期を研究対象とする研究者間でのみ通用する語となる危険性をはらんでいる。まして、限られた時代の史料に見える語を採用した場合、おのずからその危険性は高まる。「「王家」論という構えは、院政期・鎌倉期を扱う研究の「方言」とも言えるだろう」と遠藤基郎が指摘するように、「王家」という語の通用範囲の問題は、それが「特殊な研究状況の由来と問題点」の分析の前提として言及されているよ うに、名称の選択に関わる問題というよりは、むしろ他時代・他分野の研究と十分に交わりを持てていない当該期の研究状況に由来する問題であるといえよう。

第二章　中世前期の王家と法親王

はじめに

中世王家についての研究は近年進展が著しい分野であるが、その多くは后妃・内親王を中心とした女院についての研究であり、王家を構成する男性についての研究は、ほとんど進んでいないのが現状である。いうまでもなく、中世王家も男女両性によって構成されるのであるから、中世王家の全体像を描き出すためには、男性の王家構成員の分析も、また不可欠である。

中世王家の男性構成員のうち、即位後に皇統から外れた院や、在俗したまま皇位に即かなかった親王の存在形態については、すでに第一部第一章で分析を行った(1)。しかし、中世王家では、皇位を継承する者以外の男子のほとんどは、出家し僧籍に入る。これらの者たちは、僧籍に入っても「宮」と称され、出家しているにもかかわらず王家内部の存在として認識されていることが、横山和弘によって指摘されているが(2)、その中でも、とりわけ、王家との関わりが色濃く打ち出される存在が、出家後に親王宣下を受ける数多くの法親王や、親王宣下後に出家し、出家後も親王としての待遇を維持し続ける、ごく少数の入道親王である(3)。よって、本章では、法親王および入道親王について、とくに、中世王家との関連から、分析を試みる。法親王は白河院政期に創出されること、また、中世王家は鎌倉中期の両統迭立開始によって大きく変性することから、本章では、分析の対象とする時期を、白河院政期〜後嵯峨院政期と設定する。

法親王についての研究の端緒は戦前に遡り、大森金五郎・平田俊春によって、法親王は賜姓制度と同様に朝廷財政の逼迫にともない創出された制度であるとする見解が示された[4]。その後は長く研究が途絶えていたが、戦後の院政研究の進展にともない、安達直哉・平岡定海によって、法親王を院権力による顕密僧・顕密寺院統制のための装置とする見解が、新たに示された[5]。これは、現時点での法親王についての通説的理解となっているが、一方で、横山和弘によって、強訴を行わず王権に親和的な仁和寺に存在した法親王と、延暦寺・園城寺などの強訴を行う権門寺院に存在した法親王とでは存在意義が異なること、また、仁和寺のみに法親王が存在した白河・鳥羽院政期と、それ以後の延暦寺・園城寺にも法親王が存在する時期とでは、質的な段階差が存在することが指摘されている[6]。この点については筆者もまったく同意見であり、さらに、後述する通り、延暦寺・園城寺などに存在した法親王についても、そのすべてを統制装置と理解することは不可能であると考える。

こうした従来の研究状況に対して、近年では、法親王の中でもとくに仁和寺御室についての研究が盛んに行われているほか[7]、個別の寺院・院家・門流・法脈研究の中でも、個々の法親王について言及が行われている。しかしながら、それらは、主に政治・宗教・文化面において法親王が果たした役割について論じたものであり、法親王と王家との関わりについて深めた研究は少ない。

その中で、王家研究との関わりでとくに重要なのは、すでに述べた、横山和弘による一連の研究である[8]。横山は、「白河院政期における法親王の創出」の中で、先述の指摘に加え、法親王という制度が、本来、白河王権・王統の護持のために成立したことを明らかにした。指摘の内容そのものも当然重要だが、さらに重要なのは、法親王という制度の目的が中世前期を通じて一貫したものではなく、その時々の王権にとっての固有の問題を反映して変性するものであることを示唆している点である。このことから、法親王という制度について中世前期を通じて時系列的に分析し、各時代に固有の機能を明らかにすることの重要性が、課題として浮かび上がる。

以上の研究状況を踏まえ、本章では、中世前期の法親王・入道親王について、制度運用の実態を、各院政・親政期ごとの時代順に分析する。その際、法親王と皇位継承との関わりについて、とくにその時点での王家家長（院ないし天皇）の意図に着目し分析を行う。これは、男性の王家構成員が僧籍に入るかどうかは、その人物が皇位を継承するかどうかと深く関わっており、また、当該期の皇位継承者決定と親王宣下決定の権限は王家家長が握っているからである。

具体的な分析に入る前に、行論の便宜のため、男性の王家構成員についての分類をあらかじめ示しておく。中世前期の王家において、皇位に即かなかった男子の処遇は、まず「親王宣下を受けるか否か」によって二つに大別される。親王宣下を受けた者は、さらに「在俗する」「出家する」と分類できる。出家した者のうち、親王宣下後に出家した者が入道親王、出家後に親王宣下を受けた者が法親王である。これに対し、親王宣下を受けなかった者は、「在俗する」「賜姓され臣下となる」「出家する」とさらに分類される。図式化すると図2のようになり、本章で取り扱う対象は主に1Bのa・bということになる。

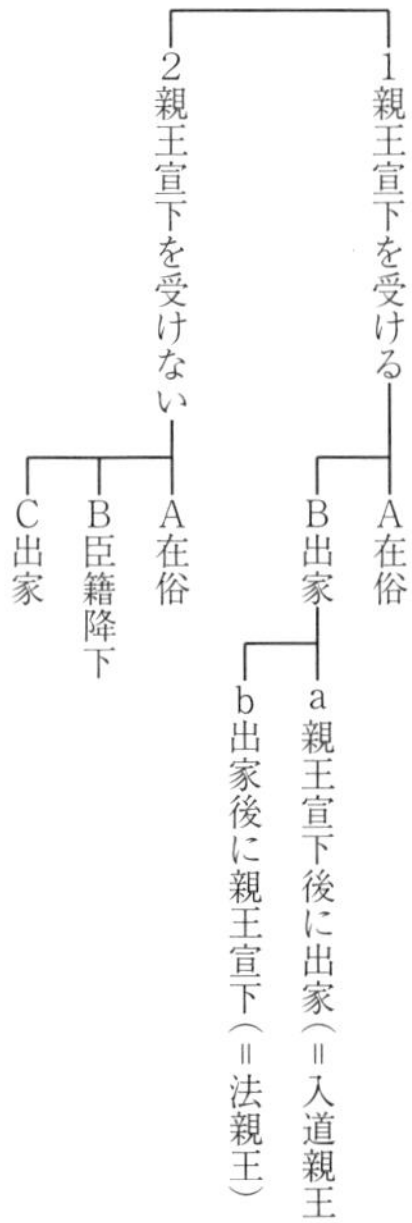

図２　皇位に即かない皇子の処遇

表1は、皇位継承者ごとに男子をまとめ、このうち皇位継承者・1のすべて・2Aを項目

表１　親王・法親王・入道親王一覧

名　　前	誕　　生	剃髪・入室・出家・受戒・灌頂	親王宣下	母その他
白河天皇皇子				
敦文親王	承保元年(1074) 12月26日		承保２年(1075) １月19日	母藤原賢子(父源顕房，養父藤原師実)
覚行法親王	承保２年(1075) ４月	永保３年(1083) 10月28日入室	康和元年(1099) １月３日	母藤原経子(父藤原経平)，御室
(堀河天皇)	承暦３年(1079) ７月９日		承暦３年(1079) 11月３日	母藤原賢子(父源顕房，養父藤原師実)
覚法法親王	寛治５年(1091) 12月29日	長治元年(1104) ７月11日出家	天永３年(1112) 12月27日	母源師子(父源顕房)，御室
聖恵法親王	嘉保元年(1094)	長治元年(1104) ９月24日出家	保安４年(1123) 12月30日	母藤原師兼女子，仁和寺僧
非親王皇子：行慶(母源政長女子)，円行(母源有宗女子)，静証(母源顕房女子)				
堀河天皇皇子				
(鳥羽天皇)	康和５年(1103) １月16日		康和５年(1103) ６月９日	母藤原苡子(父藤原実季)
最雲法親王	長治２年(1105)	元永２年(1119) ８月16日入室	保元３年(1158) ３月11日	母藤原時経女子，天台座主
非親王皇子：寛暁(母藤原隆宗女子)				
鳥羽天皇皇子				
(崇徳天皇)	元永２年(1119) ５月28日		元永２年(1119) ６月19日	母藤原璋子(待賢門院，父藤原公実，養父白河院)
通仁親王	天治元年(1124) ５月28日		天治元年(1124) ６月22日	母藤原璋子(待賢門院，父藤原公実，養父白河院)，目が不自由なため「目宮」と称される
君仁入道親王*	天治２年(1125) ５月24日	保延６年(1140) ８月９日出家	天治２年(1125) ６月16日	母藤原璋子(待賢門院，父藤原公実，養父白河院)，足が不自由なため「萎宮」と称される
(後白河天皇)	大治２年(1127) ９月11日		大治２年(1127) 11月14日	母藤原璋子(待賢門院，父藤原公実，養父白河院)
覚性入道親王 (本仁親王)	大治４年(1129) 閏７月20日	保延元年(1135) ３月27日入室	大治４年(1129) 10月22日	母藤原璋子(待賢門院，父藤原公実，養父白河院)，御室

道恵法親王	長承元年(1132)	保延元年(1135) 3月29日入室	永暦元年(1160)	母紀家子(父光清),園城寺長吏
覚快法親王	長承3年(1134)	天養元年(1144) 12月27日入室	嘉応2年(1170) 5月25日	母紀家子(父光清),天台座主
(近衛天皇)	保延5年(1139) 5月18日		保延5年(1139) 7月16日	母藤原得子(美福門院,父藤原長実)
最忠法親王				『本朝皇胤紹運録』のみ所見
非親王皇子:真誉(母橘俊綱女子)				
崇徳天皇皇子				
重仁入道親王*	保延6年(1140) 9月2日	保元元年(1156) 7月12日出家	永治元年(1141) 12月2日	母信縁女子(養父源行宗)
非親王皇子:覚恵(母源師経女子)				
後白河天皇皇子				
(二条天皇)	康治2年(1143) 6月18日	仁平元年(1151) 10月14日入室	久寿2年(1155) 9月23日	母藤原懿子(父藤原経実)
守覚法親王	久安6年(1150) 3月4日	保元元年(1156) 11月27日入室	嘉応2年(1170) 閏4月28日	母藤原成子(父藤原季成),御室
円恵法親王	仁平3年(1153)		承安3年(1173)	母平信重女子,園城寺長吏
定恵法親王	保元2年(1157)		建久元年(1190) 10月	母平信重女子,園城寺長吏
(高倉天皇)	応保元年(1161) 9月3日		永万元年(1165) 12月25日	母平滋子(建春門院,父平時信)
静恵法親王	長寛2年(1164)		建久2年(1191) 2月17日	母平信重女子,園城寺長吏
道法法親王	仁安元年(1166) 11月13日	承安4年(1174) 10月10日入室	文治元年(1185) 1月13日	母仁操女子,御室
承仁法親王	嘉応元年(1169)	安元元年(1175) 8月16日入室	建久元年(1190) 10月1日	母紀孝資女子,天台座主
非親王皇子:以仁王(母藤原成子),恒恵(母平信重女子),真禎(母仁操女子)				
二条天皇皇子				
(六条天皇)	長寛2年(1164) 11月14日		永万元年(1165) 6月25日	母伊岐致遠女子
非親王皇子:尊恵(母源光成女子)				
高倉天皇皇子				
(安徳天皇)	治承2年(1178) 11月12日		治承2年(1178) 12月8日	母平徳子(建礼門院,父平清盛,養父後白河院)

表1　つづき

名　前	誕　生	剃髪・入室・出家・受戒・灌頂	親王宣下	母その他
守貞入道親王※（後高倉院）	治承3年（1179）2月28日	建暦2年（1212）3月26日出家	文治5年（1189）11月19日	母藤原殖子（七条院，父藤原信隆）
惟明入道親王※	治承3年（1179）4月11日	建暦元年（1211）2月29日出家	文治5年（1189）11月19日	母平範子（父平義輔）
（後鳥羽天皇）	治承4年（1180）7月14日		寿永2年（1183）8月20日ヵ	母藤原殖子（七条院，父藤原信隆）
後鳥羽天皇皇子				
（土御門天皇）	建久6年（1195）12月2日		—	母源在子（承明門院，父能円，養父源通親）
道助入道親王（長仁親王）	建久7年（1196）10月16日	建仁元年（1201）11月27日入室	正治元年（1199）12月16日	母藤原信清女子，御室
（順徳天皇）	建久8年（1197）9月10日		正治元年（1199）12月16日	母藤原重子（修明門院，父藤原範季）
覚仁法親王	建久9年（1198）		建保6年（1218）1月20日	母遊女滝，園城寺長吏
雅成親王	正治2年（1200）9月11日		元久元年（1204）1月9日	母藤原重子（修明門院，父藤原範季）
頼仁親王	建仁元年（1201）		承元4年（1210）3月2日	母藤原信清女子
尊快入道親王（寛成親王）	元久元年（1204）4月2日	承元2年（1208）12月1日入室	承元2年（1208）8月2日	母藤原重子（修明門院，父藤原範季），天台座主
道覚入道親王（朝仁親王）	元久元年（1204）7月	承元2年（1208）10月14日入室	承元2年（1208）10月7日	母顕清女子，天台座主
尊円法親王	承元元年（1207）	建保5年（1217）12月21日受戒	建保6年（1218）1月15日	母藤原定能女子，園城寺僧
非親王皇子：行超（母藤原定能女子），覚誉（母舞女姫法師），道縁（母舞女姫法師），道伊（母舞女姫法師）				
土御門天皇皇子				
道仁法親王		仁治2年（1241）9月27日灌頂	宝治2年（1248）1月14日	母高階仲資女子，園城寺長吏
尊守法親王	承元4年（1210）	貞応元年（1222）6月5日入室		母覚宴女子，延暦寺僧
道円法親王	承元4年（1210）	寛喜3年（1231）1月27日灌頂		母治部卿局（父未詳），仁和寺僧

仁助法親王	建保3年(1215)	仁治2年(1241) 12月22日灌頂	仁治3年(1242) 4月15日	母源通子(父源通宗), 園城寺長吏
静仁法親王	建保5年(1217)	宝治元年(1247) 3月20日灌頂		母源通子(父源通宗), 園城寺長吏
尊助法親王	建保5年(1217)	貞永元年(1232) 11月8日受戒	建長4年(1252) 8月28日	母尋恵女子, 天台座 主
(後嵯峨天皇)	承久2年(1220) 2月26日		—	母源通子(父源通宗)
最仁法親王	貞永元年(1232)	寛元元年(1243) 10月27日出家		母円誉女子, 天台座 主
非親王皇子：増仁(母未詳), 懐尊(母未詳)				
順徳天皇皇子				
尊覚入道親王	建保2年(1214) 7月	承久2年(1220) 12月10日入室	承久2年(1220) 8月2日	母藤原清季女子, 天 台座主, ただし元は 御室の道助入道親王 に入室
覚恵法親王	建保5年(1217)	嘉禎2年(1236) 4月18日灌頂		母藤原清季女子, 園 城寺長吏
(仲恭天皇)	建保6年(1218) 10月10日		建保6年(1218) 11月21日	藤原立子(父藤原良 経)
善統入道親王※	天福元年(1233)	正応4年(1291) 5月30日出家		母藤原範光女子
非親王皇子：忠成王(母藤原清季女子), 彦成王(母藤原範光女子)				
後高倉院皇子				
尊性法親王	建久5年(1194)	承元2年(1208) 12月17日入室	承久3年(1221) 10月13日	母藤原陳子(北白河 院, 父藤原基家), 天台座主
道深法親王	建永元年(1206) 9月4日	建保4年(1216) 12月16日出家	承久3年(1221) 10月13日	母藤原陳子(北白河 院, 父藤原基家), 御室
(後堀河天皇)	建暦2年(1212) 3月18日		—	母藤原陳子(北白河 院, 父藤原基家)

注：※は成人後の出家.「剃髪・入室・出家・受戒・灌頂」の項は, このうち仏教との関わりが最初に確認されるものを取り上げた.

として立て、2Cを一覧として付したものである。なお、「親王宣下を受けず臣籍に下る」（2B）は、中世前期では皇孫以下の世代に限定され、皇子には見られない処遇であるため、表中には現れない。

第一節　法親王制の成立と運用

1　法親王制成立期の法親王

周知の通り、法親王の初例は、康和元年（一〇九九）に親王宣下を受けた覚行法親王である。覚行・覚法・聖恵という一人目から三人目までの法親王は、いずれも仁和寺に入寺した白河院の皇子たちであり、先に挙げた、彼らの役割が白河王権・王統の護持であったとする横山和弘の所説は、妥当であると考える。

問題は、彼らに続く四人目の覚性の事例である。覚性は鳥羽院の第五皇子であり、それ以前の三人の法親王と同様に仁和寺に入寺し、覚法の後を受けて御室となっている。

しかし、覚性とそれ以前の法親王との間には、相違点も存在する。それは、覚性が親王宣下後に出家した入道親王であることである。覚性は、大治四年（一一二九）閏七月二〇日に誕生し、三ヵ月後の一〇月二二日に親王宣下を受け、「本仁」の名を与えられている。(9)覚性以前に生まれた鳥羽院の皇子は、いずれも待賢門院を母とするが、全員が誕生の数ヵ月以内に親王宣下を受けている。こうした鳥羽院の皇子たちのあり方は、親王宣下の対象が非常に限定される当時の一般的な状況から、大きく外れるものである。すでに河内祥輔が指摘しているように、これは当時の王家家長であった白河院の意向を反映したものと想定され、(10)覚性の誕生は白河院死去直後であるものの、おそらく、その延長線上で同様の処遇が行われたものであろう。

覚性が出家した時点で、即位した崇徳天皇を除き、それ以外の即位していない覚性の兄たちはいずれも在俗しており、白河院・鳥羽院ともに、彼らを出家させ僧としての生涯を送らせる意図はなかったものと考えられる。そうした中で覚性が出家するにいたった事情を考える手がかりとなる史料が、以下に掲げる『長秋記』長承三年（一一三四）一二月六日条である。記主の源師時は、覚性の母待賢門院の院司として、当時の御室であった覚法と待賢門院との間で交渉役にあたっていた。

晴、詣㆓此院㆒、御室伝㆓女院御返事㆒、大略五宮令㆓入室㆒給事也、A「其事只今無㆓変改之心㆒、但世間不定、御室内心㆓背㆓女院御事㆒、与㆓皇后宮㆒同心、為㆓女院㆒御腹黒体之事坐者、尤可㆓遺恨㆒、其事不㆑可㆑然之由、書㆓誓言文㆒令㆑進給、存㆘無㆓隔心㆒之由㆖、終身可㆓憑申㆒之由也、又五宮入寺事、明春二月許必可㆑候事也」者、御答云、B「吾身法文聖教、所㆑知田地堂舎無㆓人譲伝㆒、今五宮御事、蒙㆓御約㆒後、片時モ無㆓忘時㆒、是万事皆譲申、於㆓吾身㆒心安隠㆓居別所㆒、暫欲㆑勤㆓後世事㆒也、今所㆓疑思食㆒尤理也、如㆑仰早書㆓誓言文㆒可㆑進、但皇后母子（ママ）吾母也、年来無㆓指約㆒、而出家時可㆓一見㆒之由、雖㆓其命㆒、女院不㆑許間不㆓罷向㆒、適恩許時所㆓詣向㆒也、有㆑限母事尚以如㆑此、何況於㆓姉妹㆒哉、勿論也」者、出㆓御室㆒、向㆓法印房㆒、伝㆓女院御消息㆒、其趣如㆑令㆑申㆓御室㆒、返答如㆑状、（後略、記号は筆者による）

まず、待賢門院から御室に伝えられた内容（A）によると、覚法が皇后藤原泰子（高陽院）に与して待賢門院に腹背しているとの世評を受け、待賢門院はそのような事実がないことを誓う誓紙を差し出すよう求めている。また、覚性（五宮）の入寺が翌年二月になることを申し伝えている。これに対し、覚法は誓紙を差し出すことを承知した上で、自身には後継者がないため、仏典や所領などは覚性に譲渡するつもりであること、皇后の母は自分の母でもあるが、母の出家に際しても待賢門院の許可を得てからでなければ会わぬほどであり、まして、妹である皇后とのことについて、関わりが深くないことはいうまでもないことを弁明している（B）。すでに角田文衛によって指摘されているように、前年の長承二年（一一三三）、白河院の遺志に反して、鳥羽院と泰子との婚姻が行われており、[11]それによる鳥羽院家内部のきしみが、こうした形で表れているのである。

この記事で注目されるのは、待賢門院と覚法との間で、院を介さずに交渉が行われているように、覚性の入寺が、あくまでも待賢門院の主導で行われていることである。もちろん、覚性が翌保延元年（一一三五）三月二七日に仁和寺に入寺した際には、鳥羽院と待賢門院がともに御幸しており、[12]鳥羽院もこれに承認を与えていたものと思われるが、覚性の入寺に関して、鳥羽院の主体性はうかがわれない。

待賢門院は、すでに大治五年（一一三〇）に御願寺である法金剛院を仁和寺に建立しており、長承二年には雅仁（後白河院）・覚性を連れて法金剛院御幸を行っている。[13]法金剛院建立と考え合わせると、待賢門院が覚性を御室に入室させた意図は、大治四年に死去した養父白河院や、待賢門院自身の将来の追善を、覚性に行わせることにあったと思われる。

以上見てきたように、覚性の親王宣下は白河院が、仁和寺への入寺は待賢門院が、それぞれ主導したものであった。鳥羽院の皇子では、ほかにも道恵・覚快が僧となっているが、いずれも親王宣下を受けるのは鳥羽院の死後であり、鳥羽院政下では、新たな法親王の宣下は一例も行われていない。白河院の始めた法親王制に対する鳥羽院の態度は、消極的に引き継いだ程度のものだったといえるだろう。

2　後白河親政期・院政期の法親王

こうした状況が大きく変化するのは、後白河親政期から院政初期にかけてであり、保元三年（一一五八）に最雲が、永暦元年（一一六〇）には道恵が、それぞれ親王宣下を受けている。[14]最雲は堀河天皇の皇子で、親王宣下を受けた当時は天台座主であり、道恵は鳥羽院の皇子で、親王宣下と同日に園城寺長吏となっている。これによって、仁和寺以外に初めて法親王が存在することになった。

二人の親王宣下に関連して注目されるのは、ほぼ同時期に、後白河天皇の皇子が相次いで彼らの下に入室していることである。具体的な年次は不明であるが、最雲の下には第三皇子の以仁が、[15]道恵の下には円恵がそれぞれ入室しており、円恵の入室年次は、遅くとも一身阿闍梨となった平治元年[16]（一一五九）以前に遡るので、異母兄である以仁の入室も、それ以前であったと考えられる。

これらに、保元元年（一一五六）に守覚が仁和寺の覚性の下に入室していることを考え合わせると、[17]仁和寺・延暦寺・園城寺という真言・天台二宗の頂点に法親王が位置し、その下に後白河天皇の皇子が配されたことになる。ここには、それぞれの寺院の最上部を掌握することで後白河天皇の統制下におこうとする意図が、明確にうかがわれる。この政策を打ち出したのは、当時実質的に政策決定を主導していた信西であろう。道恵の親王宣下は信西の死後にずれ込むが、これは、園城寺長吏がまだ実質的に終身の役職であったために、道恵の長吏就任が永暦元年となったことが原因であって、構想自体は信西の生前から存在していたと思われる。

しかし、平治の乱による信西の死、応保二年（一一六二）の二条親政の開始と最雲の死[18][19]などによって、こうした構想は崩壊する。以仁は結局仏門には入らず、守覚は御室となった四ヵ月後の嘉応二年（一一七〇）四月に親王宣下を受けるが、[20]その一月後には、鳥羽院の皇子である覚快も親王宣下を受ける。[21]覚快はのちに天台座主となるが、[22]親王宣下の時点ではまだ天台座主となっておらず、直接には寺院統制とは結びつかない。その後、後白河院政末期に、後白河院の皇子たちが相次いで親王宣下を受け法親王となるが、なかでも、承仁は、師の顕真から日吉千僧供養の賞の譲を受けて、親王宣下を受けている[23]。このことから、法親王が、特段の政治的意味をともなわない、単なる僧の待遇の一つとなっていることがうかがえ、覚快の事例は、こうした法親王の性格変化の嚆矢であったと評価できる。

第二節　鎌倉期における法親王制の運用

1　後鳥羽院政期における法親王と入道親王の差異化

後白河院政期に、特段の政治的意味をともなわない、単なる一待遇に過ぎなくなった法親王であるが、後鳥羽院政期になると、新たな変化が見られる。それは、同じように仏門に入った皇子たちの中で、親王宣下を受けない者、仏門に入ったのちに親王宣下を受ける法親王、親王宣下を受けたのちに仏門に入る入道親王という、三つの処遇が見られることである。後鳥羽院の皇子のうち、仏門に入った者は九人おり、うち入道親王は三人、法親王は二人、親王宣下を受けなかった者は四人である。

後鳥羽院の皇子の処遇全体で見ると、後鳥羽院には一三人の男子の存在が確認できる。このうち、皇位に即いたのが土御門天皇・順徳天皇の二人であるが、そのほかに雅成・頼仁の二人が、出家することも賜姓されることもなく、俗人のまま親王宣下を受けている。承久の乱に際し、土御門院・順徳院・仲恭天皇だけでなく、雅成親王・頼仁親王も後鳥羽院の下に参じている点から考えても[24]、両者が後鳥羽院家において特殊な位置にあったことは明らかである。

こうした特別待遇の背景には、両者の生母の立場が関係していたと考えられる。雅成は順徳天皇の同母弟であり、母修明門院は後鳥羽院と同居する正妻であった。頼仁の母は藤原信清の娘である坊門局で、隠岐に配流された後鳥羽院に同行した女性であり(25)、後鳥羽院の母七条院の姪にあたり、また、妹は源実朝の妻となっている。このように、重要な妻の所生の皇子たちが、とくに俗人のまま親王宣下を受けているのは、待賢門院所生の皇子のみが俗人として親王宣下を受けた、鳥羽院の皇子たちの状況と共通している。

注目すべき点は、入道親王の処遇を受けた皇子のうち、道助は頼仁と、尊快は順徳天皇と、それぞれ同母の兄弟であることである。もう一人の入道親王である道覚も、母の尾張局は、死去に際し退出を願い出たのを後鳥羽院にとどめられるほど、後鳥羽院から寵愛を受けた女性であった(26)。

これらのことから、彼らが仏門に入る前に親王宣下を受けたのは偶然ではなく、意図的に他の皇子と格差をつけた特別待遇として行われたものと考えられる。後白河院政の末期に、多数の仏門に入った皇子が法親王宣下を受ける中で、法親王の希少性は下落していた。こうした状況を受けて、後鳥羽院は、仏門に入る前に親王宣下を受ける入道親王を、新たな特別待遇として創出したといえよう。

後鳥羽院の後継者とされていた順徳院の皇子たちの場合も、長男である尊覚は、仏門に入る前に親王宣下を受けている(27)。こうした点から考えて、承久の乱がなければ、後鳥羽院の処置は、その後も引き継がれていた可能性が高い。

2　後高倉皇統と法親王

周知の通り、承久の乱の敗戦により後鳥羽院政は終わり、承久三年（一二二一）七月に後堀河天皇が即位し、父である後高倉院による院政が開始される。同年一〇月一三日、後高倉院の皇子で後堀河天皇の同母兄である尊性・

道深に法親王宣下が行われており[28]、これが後高倉院政の開始と連動したものであることは疑いない。安達直哉は、公家政権と法親王との関わりを分析する具体例として尊性を取り上げ、安嘉門院領や除目に対する口入を行っていることを指摘している[29]。また、曽我部愛は、尊性・道深を含めた後高倉院・北白河院とその皇子女たちを後高倉王家と捉え、後高倉王家が両者による諸職獲得を通じて王権護持と宗教界の統制を図ったことを指摘している[30]。

尊性による口入の問題については次節で触れることとし、ここでは尊性・道深による王権護持と仏教界の統制について述べる。両者が後堀河天皇・四条天皇のために多くの修法を行っており[31]、また尊性が後堀河天皇・四条天皇の護持僧となっていることから考えて[32]、両者が後高倉皇統護持の役割を担っていたことは間違いない。問題は、両者を通じての仏教界の統制についてである。尊性は天台座主に、道深は御室にそれぞれ就いており、ともに最重要の権門寺院の長となっているが、後高倉院政の開始と、両者の就任時期との間には、時差が存在する。

尊性が天台座主に就任するのは安貞元年（一二二七）の末であり、法親王宣下から六年後のことであった。しかも、寛喜元年（一二二九）に日吉社宮仕と六波羅の武士との間に闘乱事件が起こったため、在任わずか一年三ヵ月で辞任している。その後、貞永元年（一二三二）に天台座主に還任し、暦仁元年（一二三八）まで六年間在任したのち、翌延応元年（一二三九）に死去している[33]。

また、道深は、実はもともと南都で修行しており、法親王宣下の八日後、当時の御室であった道助の下に、あらためて入室している[34]。しかし、道深が実際に御室となるのは、それから一〇年近く経過した寛喜三年（一二三一）のことであった[35]。

つまり、四条天皇の死によって後高倉皇統が断絶するまでの二一年間のうち、尊性と道深がともに権門寺院の最上位にいたのは、貞永元年から暦仁元年までの、わずか六年足らずの期間でしかないのである。

そもそも、天台座主と御室との間には、天台座主が王家出身者以外からも広範に任じられ、比較的短期間で交代することが多いのに対し、御室は王家出身者によって師資相承で受け継がれ、交代が少なく終身職に近い、という根本的な質の違いが存在する。それゆえに、尊性は天台座主に継続的に在任することはできなかったし、道深は、前任の道助入道親王が高野山に籠居するまで、御室を継ぐことはできなかったのである。これらの事情から、皇統そのものが後鳥羽皇統から後高倉皇統へと変動する中で、後高倉院家関係者が二人を通じての仏教界統制を図ったとしても、その実効性は疑わしい。とくに、延暦寺の場合、以前から、上層僧侶と大衆との間の対立や大衆内部での対立は見られているが、天福元年（一二三三）に起こった寺内の闘乱のように、鎌倉幕府の支持を背景とする尊性の、「偏好兵給」[36]と評された高圧的な姿勢は、むしろ寺内の対立を激化させている。

天台座主や御室に就任する以前にも、尊性は四天王寺別当となり[37]、道深は広隆寺別当となっており[38]、さらに道深は東大寺東南院を譲られるものの、これを辞退している[39]。尊性の四天王寺別当就任の際には後堀河天皇が[40]、東大寺東南院の伝領をめぐっては北白河院が[41]深く関与しているように、これらの動きは、両者だけでなく後高倉院家全体の意向を受けたものであった。こうした諸職獲得は、権威強化や物質的利益につながる面もあるが、一方で、四天王寺別当の改補を求める四天王寺僧徒との間で騒乱が発生した結果、尊性が四天王寺別当を辞しているように[42]、新たな騒乱の原因ともなっている。東大寺東南院の場合も、道深の辞退は、強訴を行おうとする南都の動向を考慮した結果であった。以上の点からも、諸職の獲得は、寺院統制どころか、むしろ寺院勢力との軋轢を大きくする結果となっている。

そして、重要な点は、尊性が、別当改替を求める四天王寺の衆徒に対し武士を派遣し[43]、延暦寺内部の対立する衆徒を「武家に渡す」という対処を行っていることである[44]。これは、法親王という権威や天皇の同母兄であるという血統が寺院社会で十分有効に働かず、鎌倉幕府の武力に頼らざるをえない状況を示している。少なくとも、後高倉皇統期において、法親王制は寺院統制と直結していないのである。

3　土御門皇統と法親王

仁治三年（一二四二）に四条天皇が死去して後高倉皇統が断絶すると、後嵯峨天皇が即位し、土御門皇統の時代に入る。後嵯峨親政期の従来との大きな違いは、後嵯峨天皇の践祚後に真っ先に親王宣下を受けた仁助法親王が、園城寺の僧であったことである。後嵯峨天皇が仁治三年正月二〇日に践祚すると、仁助は四月一五日に親王宣下を受け、七月一七日には園城寺長吏に任じられた(45)。

それまでは、御室こそが王権にとって仏教界で最重要の地位であり、皇統の変動が起こると、新たな院や天皇は、自身の家の構成員を御室の後継者とするために手を尽くしてきた。すでに見てきたように、後白河天皇が保元の乱の直後に自分の子である守覚を同母弟の覚性の下に入室させ、また、後高倉院政期に後高倉院の子の道深が、先に入室していた尊覚(46)（順徳院の子）を押し出すように、かつ、道助（後鳥羽院の子）を籠居させて、御室を継いでいるのは、その表れである。

ところが、後嵯峨天皇の場合、関係者が御室となるのは、後嵯峨天皇の子の性助がわずか一二歳で御室となった、正嘉二年（一二五八）のことである(47)。このとき、践祚から一六年が経過した後嵯峨天皇はすでに退位しており、子の後深草天皇が在位中であった。しかも、翌年には後深草天皇から亀山天皇への譲位が行われている。

これは、後嵯峨天皇の同母兄はすべて園城寺に入っており、異母兄で仁和寺に入寺していた道円が、すでに仁治元年（一二四〇）に死去していたこと(48)、また、践祚当時の後嵯峨天皇がまだ若く、適当な男子が存在しなかったことなどが、原因として考えられるであろう。さらに、道深の弟子にはすでに九条道家の子である法助がおり[49]、後嵯峨天皇の即位直後の時点では道家が大きな勢力を持っていたため、公家政権内の基盤がまだ弱体であった後嵯峨天皇には、法助の御室継承という路線を改変するのは困難であったと考えられる。もう一つの重要な地位である天台座主も、この期間の在任者は慈源（九条道家の子）・道覚（後鳥羽院の子）・尊覚（順徳院の子）であり、後嵯峨天皇の関係者が初めて天台座主となるのは、異母弟の尊助が就任する正元元年（一二五九）のことであった[50]。

なお、寛元四年（一二四六）の名越朝時の乱の結果、執権北条時頼の政治的主導権が確立し、鎌倉から前将軍九条頼経が帰洛、京都では摂関家大殿である九条道家が失脚する。これ以後、園城寺出身の僧である隆弁が北条時頼の厚い信頼を得て、鎌倉の仏教界においては園城寺が優位に立ったことが、平雅行によって指摘されている[51]。隆弁と仁助との直接の関係を示す史料はないが、湯山学の指摘するように[52]、隆弁は仁治三年の久仁親王（後深草天皇）誕生の際に御産御祈を行うため上洛しており[53]、これを両者の間の接点と見なすことは可能であろう。また、隆弁は、建長二年（一二五〇）には園城寺興隆の問題で、正元元年には園城寺戒壇設置勅許の問題で、それぞれ上洛している[54]。この間の園城寺長吏は仁助であるから、両者の間には連絡があったと考えるのが自然である。仁助が法親王宣下を受けるのは隆弁が重用されるより前であるが、寛元四年以降は、こうした関係がさらに仁助の存在の重要性を高めたものと思われる。

後嵯峨親政期から後嵯峨院政期の前半にかけて、仁助は、後嵯峨院家内部の問題にとどまらず、政治的にも非常に重要な役割を果たした。まず指摘できるのが、父土御門院の追善仏事における活動である。

後嵯峨天皇にとって、自身の皇位継承の正統性を主張する上で、父である土御門院の顕彰は政治的に重要な意味を持ったが、践祚当初の後嵯峨天皇は、独自の御願寺や所領群などを保持しておらず、追善法華八講は、京から離れた土御門院の金ヶ原陵で行うしかなかった[55]。ところが、践祚翌年の寛元元年（一二四三）、土御門院の中宮であった陰明門院が死去し、その所領を仁助が伝領すると[56]、土御門院の追善法華八講は、仁助が伝領した四条坊城殿で行われるようになるのである。このことは、仁助が、後嵯峨天皇と同母の兄弟として強固な関係にあったことを意味している。

仁治三年の金ヶ原陵での法華八講には、承明門院と前内大臣土御門定通が参入しただけであり、これとは別に、国忌に前右大臣西園寺実氏らが参入していた[57]。これに対し、寛元四年の四条坊城殿での法華八講には、この年譲位した後嵯峨院が密儀で御幸し、摂政一条実経も参入しているから[58]、京中で開催できるようになったことのメリットは明白であろう。同年には、後嵯峨院の母である贈后源通子の追善法華八講も、四条坊城殿で行われているが、これにも後嵯峨院が密儀で御幸し、摂政一条実経以下、多数の公卿が参入している[59]。

土御門皇統の追善法華八講と仁助との関わりは、家の仏事への関与であるから、法親王という立場からは理解しやすい。特筆すべき点は、仁助の活動がこうした仏事の面にとどまらず、重要な政治決定に恒常的に関与していることである。

寛元四年の九条道家失脚に関連して、鎌倉幕府から後嵯峨院に徳政の実施と関東申次の人事について通告が行われるが、その内容が六波羅探題北条重時より後嵯峨院にもたらされた際、院の下に伺候していたのは、仁助・太政大臣西園寺実氏・前内大臣土御門定通であった[60]。また、翌宝治元年（一二四七）、鎌倉幕府から徳政などのことについて二階堂行泰・大曽禰長泰が使者として派遣された際にも、使者は前太政大臣西園寺実氏のもとに向かった後、後嵯峨院の御所で太政大臣久我通光・摂政近衛兼経・仁助と対面している[61]。翌宝治二年（一二四八）、政道のことについて幕府から後嵯峨院に使者が遣わされた際にも、後嵯峨院の御所に仁助が参入し、使者は仁助の房に参向している[62]。

仁助は、単に鎌倉からの連絡を受けるだけでなく、公家政権側の対応の決定にも関わっており、宝治元年には摂政近衛兼経・前太政大臣西園寺実氏とともに、宝治二年には摂政近衛兼経とともに、後嵯峨院の下で対応を協議している[63]。これらの政務関与者のうち、近衛兼経は摂政として廟堂の首座にあり、西園寺実氏は関東申次となった親幕派の中心であり、土御門定通・久我通光は後嵯峨院の外戚であって、いずれも後嵯峨院政を支える重要人物である。仁助は、彼らと並んで、重大な政務決定の際には欠かせない存在であった。

ほかにも、仁助は、宝治元年、後嵯峨院・近衛兼経とともに除目の沙汰を行っている[64]。また、宝治二年、無動寺門跡相続や久我通光領相続をめぐる相論が生じた際には、裁定を行う院評定に先立って、後嵯峨院は仁助と事前の相談を行っている[65]。これは、仁助が院評定への出席権を持たないために取られた処置であろう。

こうした仁助の政務関与に対して、葉室定嗣は「偏是中興之徳化也」と誉めたたえ、これによって最近は佞臣が政務に関与できなくなったと述べている[66]。異例ともいえる仁助の政務関与が、こうした高い評価を受けた理由は、践祚の際に当時の公家政権の中心にあった九条道家の意向に反する形で鎌倉幕府に擁立され、父院・母后という保護者がすでに死去しており、祖母承明門院が後見するという脆弱な体制で出発した後嵯峨天皇の治世において、同母兄である仁助に、すでに出家していたにもかかわらず、補佐役としての役割を果たすことが求められたからであると考えられる[67]。

法親王の政務や俗事への関与については、すでに安達直哉によって、承仁が父後白河院の死の直前に、丹後局とともに後白河院知行国で荘園を立荘し、のちに建久七年の政変（一一九六）に関わった事例と、後堀河親政・院政期に尊性が僧官・俗官の昇進や安嘉門院領の紛争に口入している事例が指摘されている[68]。このほか、二条天皇の親政期に、二条天皇のおじであり、また、かつて二条天皇が立太子前に出家のため入室した際の師でもある覚性が、押小路東洞院御所に壇所を設けて伺候した結果、政務に口入したこともあったと伝えられているが(69)、詳細は不明である。

これらの事例に対し、仁助の活動は、格段に重大な問題に関与しており、その関わり方の深さも、他と比較にならない。これも、先に述べたような政治的事情によって生み出された、特殊な状況であるが故であろう。とはいえ、のちに後嵯峨院が遺領の処分を行った際に、後深草院・亀山天皇と並んで、円助法親王の名前が挙がっていることや(70)、幕府が後嵯峨院の死後に次の治天について問い合わせ、後家である大宮院が後嵯峨院の遺志は亀山天皇を後継者とすることにあったと回答した際、西園寺実氏とともに円助法親王が関与しているように(71)、後嵯峨院は、自身の家の構成要素に法親王を組み込んでいた。円助は仁助の次の円満院門跡となった後嵯峨院の皇子であり(72)、その立場は、弘長二年（一二六二）に死去した仁助を引き継いだものといえよう。

なお、こうした法親王の俗事への関与について、竹内理三は尊性が後堀河院と同腹の弟であることに理由を求めているのに対し(73)、安達直哉は法親王の親王としての立場に根本的要因を求めている(74)。しかし、ここまで見てきた事例は、いずれも時の院・天皇と深い関わりがある法親王に限られていることから、やはり、その原因はこうした特別な関係に求められるべきであり、法親王一般にこうした属性があるとは認めがたいといわざるをえない。

おわりに

以上、中世前期を通して、法親王制の変遷を追ってきた。そこから見えてくるのは、権門寺院統制などといったような、従来いわれてきた法親王制の政策意図は、後白河親政期・院政初期や、後高倉院政期など、ある時点の事象としては見られるものの、中世前期を通して確認できるようなものではなく、その政策的な実効性も疑わしいということである。むしろ、法親王制に対する姿勢は、院・天皇の代替わりにともなって変化するのが常であり、それは各々の院・天皇がおかれた固有の状況に対応した結果であったといえる。

とくに、［鳥羽院政期の法親王宣下抑制→後白河院政期の法親王宣下拡大→後鳥羽院政期の入道親王導入による制度再編］という一連の流れが、かつて拙稿で論じた、［鳥羽院政期の貴族の昇進の停滞→後白河院政期の貴族の昇進の促進→後鳥羽院政期の貴族の昇進体系整備］という貴族の家格成立の変遷[75]と軌を一にするものであることは、注目に値する。制度史を考える上では、個々の制度の分析にとどまらず、さまざまな制度の変遷に見られる共通項や相違点から、それぞれの時期における政治課題や院・天皇の政治姿勢といったものを見出していく必要があるだろう。

最後に、本文中ではほとんど触れることのできなかった、法親王と荘園の問題について付言したい。はじめに触れたように、法親王制の創出について、古くから財政上の問題との関連が指摘されている[76]。さらに、安達達哉は、院が法親王制を媒介として門跡領の管領に介入したことを指摘し、法親王家領を王家領荘園の一部として考える視点の必要性を提起している[77]。

この問題について考える上で重要であると思われるのが、以下の道恵法親王・定恵法親王領の事例である。長承元年（一一三二）に鳥羽院と美濃局との間に道恵が誕生すると、美濃局の父で石清水八幡宮検校であった光清は、道恵の御願寺として観音堂を建立した[78]。さらに、光清は、保延三年（一一三七）に自身の所領を美濃局に譲渡した際、そのうち六ヵ庄を観音堂領とし、八幡宮寺と観音堂の用途に宛てる分以外の年貢は道恵に進済するよう定めた[79]。

その後、道恵は後白河院の皇子である定恵を弟子に迎え、仁安三年（一一六八）に死去する際、六ヵ庄を定恵に譲るとともに、その旨を朝廷に奏上し、宣旨による認可を受けている。[80]

宣旨によって門跡領として師資相承の認可を受けている点は、一見すると安達説に合致しているが、問題は、この宣旨が、のちに院宣によって覆されていることである。光清は、美濃局に所領を譲渡した際、その次の伝領予定者を美濃局の弟の最清と定めていたが、最清は美濃局に先立って久寿二年（一一五五）に死去したため、美濃局の死後に所領を伝領したのは、美濃局の甥である慶清であった。慶清は、六ヵ庄は道恵に譲渡されたのではなく、あくまで道恵の一期分として年貢を進済するよう定められたのであると後白河院に訴え出て、自身の領掌を認める院宣を賜った。それを受けて、道恵の門徒や最清の子孫による伝領への異論を禁じ、慶清の門跡に所領を相伝させるよう命じる院庁下文が、安元二年（一一七六）に出されたのである。[81]

すなわち、後白河院は、このとき、自身の皇子に不利な裁定を自ら下したのであり、そこには、門跡領を王家領の一部と捉えて影響力を拡大しようとする姿勢は見られない。後白河院はあくまで裁定者として紛争に臨んでいるだけであり、この点で、他の伝領をめぐる紛争と異なるところはない。門跡である法親王と院・天皇との関係は、訴訟を提起する際には有用に働く面も当然あったであろうが、門跡領を王家領として捉えられるだけの一体性は、とうてい認められない。

そもそも、当該期には頻繁に皇統の交代が起こっており、それにともなって、法親王と院・天皇との関係の親疎も大きく変わる。また、仏門に入っても親王宣下を受けない皇子も、当該期には一貫して存在する。さらに、王家出身者のみで継承される門跡は、鎌倉期に入ると延暦寺の梶井殿や園城寺の円満院などやや増加するとはいえ、後白河院政期まではほとんど御室に限られるような状況であり、主要門跡を王家出身者のみで構成しようとするような方向性も見受けられない。やはり、法親王制は、基本的には仏門に入る王家出身者に対する待遇の一形式と捉えるべきであり、寺院統制の役割を一般的な傾向として重視することは難しいと考える。また、法親王が御室のみに存在していた法親王制開始当初の後白河院政期までの段階を除いては、御室や六勝寺検校の問題と、法親王の問題とは、別個のものとして論じるべきであろう。

注

（1）拙稿「中世前期の王家と家長」（本書第一部第一章、初出二〇一一年）。
（2）横山和弘「白河・鳥羽院政期の王家と仏教」（『年報 中世史研究』二八、二〇〇三年）。
（3）なお、牛山佳幸「入道親王と法親王の関係について」（『古代中世寺院組織の研究』吉川弘文館、一九九〇年、初出一九八四年）が指摘するように、法親王と入道親王の定義については、「法親王＝出家後も品位が維持された親王／入道親王＝出家遁世した親王（基本的に品位を放棄）」という広義の分類と、「法親王＝広義の法親王のうち、出家後に親王宣下を受けた親王／入道親王＝広義の法親王のうち、親王宣下後に出家した親王」という狭義の分類が存在する。本書では狭義の分類に従って法親王・入道親王の語を使用する。すなわち、本章の分析対象は、広義の法親王、および、在俗の親王となる。
（4）大森金五郎「皇族の賜姓と法親王との由来及び事例」（『歴史地理』八―一、一九〇六年）、平田俊春「法親王考」（『平安時代の研究』山一書房、一九四三年）。
（5）安達直哉「法親王の政治的意義」（竹内理三編『荘園制社会と身分構造』校倉書房、一九八〇年）、平岡定海「六勝寺の成立について」（『日本寺院史の研究』吉川弘文館、一九八一年、初出一九七九年）。
（6）横山和弘「白河院政期における法親王の創出」（『歴史評論』六五七、二〇〇五年）。
（7）横内裕人「仁和寺御室考――中世前期における院権力と真言密教」（『日本中世の仏教と東アジア』塙書房、二〇〇八年、

初出一九九六年）、阿部泰郎・山崎誠編『守覚法親王と仁和寺御流の文献学的研究』（勉誠社、一九九八年）。
（8）注（2）横山論文、注（6）横山論文、横山和弘「法親王制成立過程試論――仁和寺御室覚行法親王をめぐって」（『仁和寺研究』三、二〇〇二年）。
（9）『中右記』大治四年閏七月二〇日条・一〇月二二日条。
（10）河内祥輔「後三条・白河「院政」の一考察」（『日本中世の朝廷・幕府体制』吉川弘文館、二〇〇七年、初出一九九二年）。
（11）角田文衛『待賢門院璋子の生涯　椒庭秘抄』（朝日新聞社、一九八五年、初出一九七五年）。
（12）『長秋記』保延元年三月二七日条。
（13）『長秋記』長承二年九月一三日条。
（14）『兵範記』保元三年三月一一日条、『諸門跡伝』園城寺円満院。
（15）『山槐記』治承三年一一月二五日条。
（16）木村真美子「円恵法親王考」（水原一編『延慶本平家物語考証』新典社、一九九七年）。
（17）『仁和寺御伝』喜多院御室。
（18）拙稿「二条親政の成立」（本書第二部第二章、初出二〇〇四年）。
（19）『天台座主記』第四十九権僧正最雲。
（20）『仁和寺御伝』喜多院御室。
（21）『玉葉』嘉応二年五月二七日条。
（22）『天台座主記』第五十六無品覚快親王。
（23）『天台座主記』第六十一法印顕真、第六十三無品承仁親王。
（24）『吾妻鏡』承久三年六月八日条。
（25）『平戸記』寛元三年一〇月二四日条。

(26)『源家長日記』。
(27)『天台正嫡梶井門跡略系譜』尊覚親王、『仁和寺日次記』承久二年一二月一〇日条。
(28)『承久三年四年日次記』承久三年一〇月一三日条。
(29)注(5)安達論文。
(30)曽我部愛「後高倉王家の政治的位置――後堀河親政期における北白河院の動向を中心に」(『ヒストリア』二一七、二〇〇九年)。
(31)『民経記』貞永元年閏九月一四日条等。
(32)『門葉記』護持僧条々　代始護持僧事　後堀河院、『護持僧次第』四条院。
(33)『天台座主記』第七十四二品親王尊性、第七十六二品尊性親王。
(34)『仁和寺御伝』金剛定院御室、『光台院御室伝』若宮入御事。
(35)『仁和寺御伝』金剛定院御室。
(36)『明月記』天福元年二月二〇日条。
(37)『天台座主記』第七十四二品親王尊性。
(38)『仁和寺御伝』金剛定院御室。
(39)『明月記』嘉禄元年一一月一六日条、一二月二四日条。
(40)『明月記』嘉禄元年一〇月二一日条。
(41)『明月記』嘉禄元年一一月一六日条。
(42)『天台座主記』第七十五僧正良快。
(43)『百錬抄』寛喜三年一〇月二〇日条。
(44)(天福元年)四月一五日付尊性法親王書状(『鎌倉遺文』四四七四号)。
(45)『百錬抄』仁治三年四月一五日条、『三井続灯記』長吏次第　仁助法親王。

(46)『仁和寺日次記』承久二年一二月一〇日条、『明月記』安貞元年一二月一日条。
(47)『仁和寺御伝』後中御室。
(48)『光台院御室伝』御服事。
(49)『仁和寺御伝』開田准后。
(50)『天台座主記』第七十九僧正慈源、第八十無品親王道覚、第八十一無品親王尊覚、第八十二無品親王尊助。
(51) 平雅行「鎌倉寺門派の成立と展開」(『大阪大学大学院文学研究科紀要』四九、二〇〇九年)。
(52) 湯山学「隆弁とその門流――北条氏と天台宗（寺門）」(『鶴岡八幡宮の中世的世界――別当・新宮・舞楽・大工』私家版、一九九五年、初出一九八一年)。
(53)『吾妻鏡』寛元元年六月一八日条。
(54)『吾妻鏡』建長二年二月二三日条・九月四日条・正元二年三月一日条。
(55)『平戸記』仁治三年一〇月一一日条。
(56)『百錬抄』寛元元年九月一八日条、『平戸記』寛元二年一〇月一一日条。
(57)『平戸記』仁治三年一〇月一一日条。
(58)『葉黄記』寛元四年一〇月九日条。
(59)『葉黄記』寛元四年七月一五日条。
(60)『葉黄記』寛元四年八月二七日条。
(61)『葉黄記』宝治元年八月一八日条。
(62)『岡屋関白記』宝治二年閏一二月二一日条。
(63)『葉黄記』宝治元年八月二〇日条、『岡屋関白記』宝治二年閏一二月二六日条。
(64)『経俊卿記』宝治元年一二月七日条。
(65)『葉黄記』宝治二年一一月二一日条。

(66)『葉黄記』宝治二年一一月二一日条。
(67)『後中記』仁治三年正月二〇日条等。
(68)注(5)安達論文。なお、安達はこれに加えて、守覚法親王が「源義経に味方して自ら合戦軍旨を書いた」事例を挙げるが、『左記』の当該記事は「聊依レ有レ所レ思、密招二義経一、記二合戦軍旨一」とのみあり、「源義経に味方して」という政治的事例と評価することは困難であると考える。
(69)『愚管抄』巻五 二条。
(70)文永九年正月一五日付後嵯峨院処分状案(『鎌倉遺文』一〇九五三号)。
(71)後深草院御事書(帝国学士院編『宸翰英華』一〈思文閣出版、一九八八年、初出一九四四年〉所収、番号六八)、伏見天皇御事書(同書所収、番号六九)。
(72)『諸門跡伝』園城寺円満院。
(73)竹内理三「尊性法親王書状」(『鎌倉遺文月報』七、東京堂出版、一九七四年)。
(74)注(5)安達論文。
(75)拙稿「中世貴族社会における家格の成立」(上横手雅敬編『鎌倉時代の権力と制度』思文閣出版、二〇〇八年)。
(76)注(4)大森論文、注(4)平田論文。
(77)注(5)安達論文。
(78)『宮寺縁事抄』。
(79)保延三年四月日付石清水八幡宮検校光清譲状案(『平安遺文』二三六九号)、仁安三年四月二五日付高倉天皇宣旨案(『平安遺文』三四六一号)。
(80)仁安三年四月二五日付高倉天皇宣旨案(『平安遺文』三四六一号)。
(81)安元二年六月一〇日付後白河院庁下文案(『平安遺文』三七六五号)。

第二部　中世前期の政治過程と王家

第一章　鳥羽院政期王家と皇位継承

はじめに

鳥羽院政期王家において生じた、皇位継承をめぐる待賢門院流と美福門院流との分裂は、保元の乱の主因の一つとなった、当該期の政治史を考える上で非常に重要な問題である。さらに、この分裂が以後の政治史に多大な影響を及ぼしたことも周知の通りであり、美福門院の皇女八条院に伝領された所領は、治承・寿永内乱の直接的なきっかけである以仁王挙兵の基盤となり(1)、鎌倉後期の両統迭立においては大覚寺統の経済基盤となった。同様に、待賢門院流の後白河院などにより形成された長講堂領は、持明院統の経済基盤となった（図3）。

こうした重要性のゆえに、この分裂の問題については、すでに多くの研究が蓄積されている。まず、橋本義彦は、後白河天皇即位の理由について、崇徳院政を忌避する美福門院の意向があったことを指摘した(2)。また、角田文衛は、崇徳院の実父の問題について、鳥羽院が崇徳院を白河院の子と考え「叔父子」と呼んだという『古事談』の説話が史実を反映したものであると論じた(4)。さらに、元木泰雄は、待賢門院・藤原氏閑院流と、美福門院・藤原氏末茂流・村上源氏顕房流・藤原氏中御門流という、貴族社会内部に及ぶ対立の構図を明らかにした(5)。

しかし、分裂の根本的な原因である、皇位継承をめぐる問題については、いまだ残された重要な論点や、再検討

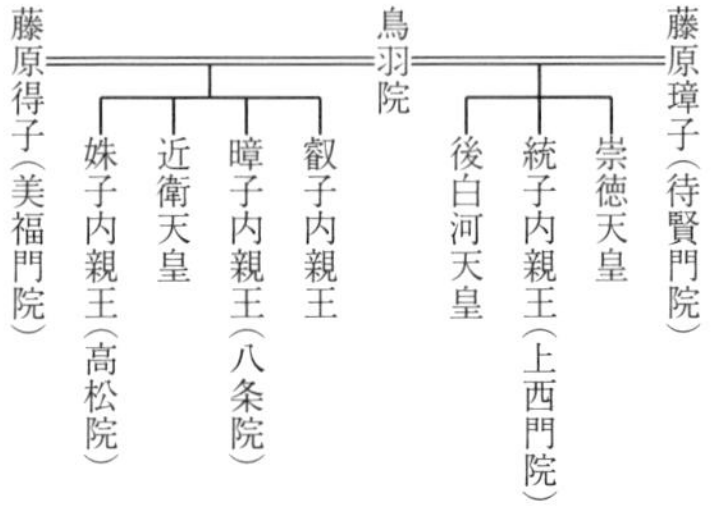

図３　鳥羽院家の主要構成員

を要する点が存在する。まず、通説では、崇徳天皇は永治元年（一一四一）の近衛天皇への譲位によって院政の可能性を失ったとされてきたが、近年、この点に見直しを迫る新たな研究が出されている。美川圭は、通説の根拠とされてきた『古事談』の「叔父子」説話について、康治二年（一一四三）の守仁親王（二条天皇）誕生後に藤原忠通から流された言説であり、崇徳天皇の退位と直接結びつかないとの想定を示した(6)。さらに、栗山圭子は、崇徳院が譲位後も朝覲行幸で近衛天皇の拝を受けていることや、朝臣の元日拝舞が崇徳院に対しても行われていることを指摘し、崇徳院が鳥羽院の家から排除されたのは、後白河天皇の践祚の時点であるとの見解を示した(7)。

また、近衛天皇の即位の前提となる、美福門院の台頭の問題について、元木泰雄は、単に鳥羽院の寵愛にとどまらず、美福門院のいとこである藤原家成を筆頭とする大国受領系院近臣の、院の経済基盤として果たした役割の増大が背景にあったことを指摘した(8)。これは従うべき重要な指摘であるが、すでに角田文衛が指摘している通り、白河院近臣の筆頭であった美福門院の父藤原長実の一門が、白河院の死後にいったん零落していること(9)、さらに、後述する通り、家成は美福門院が鳥羽院の妃となる以前、大治四年（一一二九）の白河院の死の直後から急激に台頭していることを、あわせて考える必要があると考える。

以上の研究状況を踏まえ、本章では、鳥羽院政期の皇位継承をめぐる王家の分裂について、崇徳院の政治的位置付けと、美福門院の台頭という二点を切り口に、再検討を行う。これにより、鳥羽院政期政治史について新たな知見を得ること、さらにはその後の政治史の展開について見通すことが可能となると考える。

第一節　白河院の皇位継承構想

本節では、鳥羽院政期の前提として、白河院政末期の皇位継承をめぐる状況を、家長である白河院の構想という観点から分析する。

白河院政末期における白河院家の主要構成員は、家長である一院の白河院、新院の鳥羽院（白河院孫）、国母の待賢門院（藤原璋子、藤原公実女子、白河院養女）、崇徳天皇（白河院曽孫）であった。ここに、白河院が死去する直前の大治四年（一一二九）正月、藤原聖子（藤原忠通女子、皇嘉門院）が崇徳天皇に入内し、新たに加わっていることが注目される(10)（図4）。

摂関期以来、未成年で即位した天皇は、元服を契機に正妃を迎えるのが通例となっていた。そして、伴瀬明美の指摘するように、天皇の婚姻決定権、すなわち皇位継承者を産むべき存在を決定する権利は、院政期に入ると摂関から院が奪取し、院政確立の要因の一つとなった(11)。むろん、摂関家に適齢の女性が存在する場合は最有力の后妃候補者となるが、鳥羽天皇と関白藤原忠実の女子藤原勳子（のち泰子と改名、高陽院）との婚姻がこじれて、白河院死後まで実現しなかったように(12)、婚姻の成否は、時の政治状況と院の意向とに左右された。崇徳天皇の配偶者に藤原聖子を選択した白河院の意図は、一つには摂関家の懐柔にあり、一つには崇徳天皇にその時点で望みうる最高の後ろ盾を備えさせることにあったと考えられる。

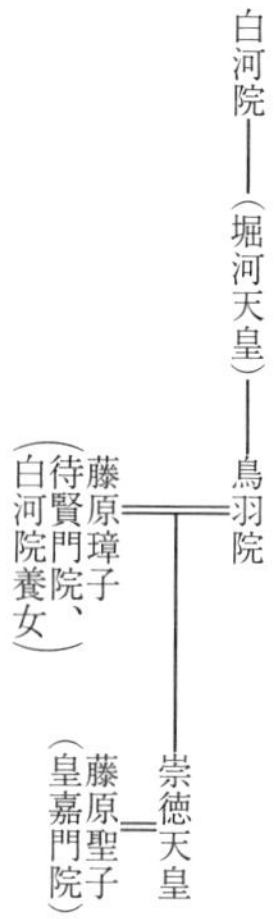

図4　白河院政末期の白河院家の主要構成員

表2　顕仁親王家の主な職員

名　前	官　　職	出　自
別当		
藤原長実	伊予守	末茂流
藤原基隆	播磨守	中関白流
藤原家保	丹波守	末茂流
藤原顕隆	蔵人頭，右大弁	為房流
藤原顕頼	右衛門権佐，丹波守	為房流
侍所別当		
藤原伊通	権右中弁	中御門流
藤原忠宗	左近衛少将	花山院流
藤原実能	左近衛少将	閑院流
蔵人		
藤原憲光	文章生	為房流
藤原家成	（なし）	末茂流

注：『中右記』元永2年6月19日条，『長秋記』同日条，『有成記』同日条（『御産部類記』所収）による．

白河院の崇徳天皇に対する配慮として、もう一点注目されるのは、即位以前の親王家家司・職事らの顔ぶれである。通常、即位後の近臣として期待されるのは東宮職の人員であるが、崇徳天皇は践祚当日に名目的に立太子されているため、親王家家司・職事らがそれに準じる存在といえる（表2）。

家司・職事らの構成で目を引くのは、白河院の近臣から、実務官人系では為房流の藤原顕隆・顕頼・憲光が、大国受領系では末茂流の藤原長実・家保・家成、中関白流の藤原基隆が組織されている点である。彼らは、白河院近臣のまさに中核であり、これらの人事は、白河院が自分の院近臣を崇徳天皇の近臣とするために行った処置と評価できる。

これを裏付けるのが、崇徳天皇の乳母の人選である。院政期の天皇の乳母子は院近臣化するのが通例であったが、[13]崇徳天皇の乳母は藤原忠隆室・藤原家保室であり、[14]藤原基隆・藤原家成は、それぞれ崇徳天皇の乳母子に当たる。さらに、藤原忠隆室は藤原顕隆の女子であるから、[15]この乳母の人選は、為房流をも包摂するものであった。また、実現はしなかったが、白河院は藤原長実室にも乳母となるよう要請している。[16]

以上のように、白河院は、婚姻関係と近臣団の形成という二つの点で、崇徳天皇のために万全の措置を行っていた。一方で、鳥羽院にとって、これらの措置は、皇位継承者およびその配偶者の選定という、家長権行使の機会が失われたことを意味する。

このことが具体的に問題となるのは、崇徳天皇が成人した際の、天皇と父院の力関係においてである。白河院と堀河天皇[17]、白河院と鳥羽天皇[18]といった前例や、のちの後白河院と二条天皇の例[19]に見られるように、院政期における成人天皇と父院との対立は、権力の所在をめぐる重大な政治問題を引き起こした。そして、先述の通り、藤原泰子の入内問題を契機に鳥羽院が退位し、また、二条天皇が中宮姝子内親王（高松院）に代えて摂関家から藤原育子を迎えることで後白河院を政務から排除することに成功したように、成人天皇と父院の争いでは、しばしば婚姻関係の決定が権力の行方を左右したのである。

以上の事情から、鳥羽院は、自己の権威の確立のために、将来の崇徳天皇の成人を見越して、自身の家の構成と院近臣の編成という二つの点で、状況を打開する必要があった。次節では、こうした状況に対して、鳥羽院が取った方策を分析する。

第二節　鳥羽院による院近臣団の再編

大治四年（一一二九）の白河院死去後、鳥羽院の政策は、白河院政の転換を基調としていたことが、髙橋昌明・元木泰雄によって指摘されている[20]。まず、白河院政下で行われていた殺生禁断令が廃された。また、白河院政下で追討を受けた源義親を称する者が現れ、同じく白河院政下で引退を余儀なくされていた藤原忠実の庇護を受けた。忠実も、長承元年（一一三二）正月には復権を果たし、翌年には懸案であった藤原勲子（泰子）の鳥羽院への入内が実現している。さらに、白河皇統に対する潜在的脅威であった輔仁親王を支援したため逼塞させられていた、村上源氏俊房流も、政治的復権を果たしている。藤原得子（美福門院）への寵愛や、近衛天皇践祚といった問題も、このような鳥羽院の政策の延長線上に位置付けられる。

以上のような鳥羽院の政策基調を前提に、本節では、鳥羽院による院近臣団の再編の問題を、とくに大国受領系院近臣の中核である藤原氏末茂流の内部変動に注目して論じる。

1　藤原家成の台頭

先述の通り、鳥羽院政期の大国受領系院近臣の筆頭は、藤原氏末茂流の藤原家成である。家成の官途は白河院政期から始まっているが、とくに、大治年間に急激に位階を上昇させている。注目すべき点は、叙爵以外の昇進はすべて鳥羽院の給によっていることで、官職についても、白河院政期の任国である若狭・加賀は、いずれも鳥羽院の院分国である。このように、家成は、鳥羽院のまさに子飼いの近臣だったといえよう（表3）。

白河院の死後、家成の昇進はますます目覚しく、白河院死去の翌月には鳥羽殿預に任じられ、「天下事一向帰家成」[21]と評されるほどであった。さらに、五ヵ月後に左馬頭に、翌年に播磨守に任じられ、保延二年（一一三六）には従三位に昇進し公卿となっている。鳥羽院政期の位階の昇進も、すべて鳥羽院の給によっており、家成に対する寵愛ぶりがうかがえる。

ここで注意すべき点は、家成には同母兄に顕保がおり、白河院政期の嫡男は顕保だったことである。顕保は、家成が叙爵される五年前の永久五年（一一一七）に、すでに従五位上に昇進しており[22]、白河院死去の時点では、顕保と家成はともに従四位上であったものの、席次は顕保が上であった。ところが、鳥羽院政期に入ると、家成は、急激な昇進の結果、顕保を超越して公卿昇進を果たす[23]。これに対し、顕保は公卿昇進を果たせぬまま、播磨守在任中の久安元年（一一四五）に死去し[24]、結果的に、家成が嫡流の地位を占めたのである（図5）。

顕保・家成の父である家保にとって、このことは本意ではなかった。すでに五味文彦が明らかにしている通り、

表３　藤原家成の公卿昇進過程

位　階	年齢	昇 進 年 月 日	昇　進　事　由
従五位下	16	保安３年(1122) 5 /25	祐子内親王未給
従五位上	20	大治元年(1126) 1 / 2	行幸院賞，新院御給
従四位下	22	大治３年(1128) 1 /14	行幸院賞，新院御給
従四位上	23	大治４年(1129) 1 /20	行幸院賞，新院御給
正四位下	23	大治４年(1129)10/ 9	院未給
正四位上	29	保延元年(1135) 1 / 2	行幸院賞
従三位	30	保延２年(1136)10/15	法金剛院御塔供養賞院御給

注：『公卿補任』保延２年藤原家成項による．

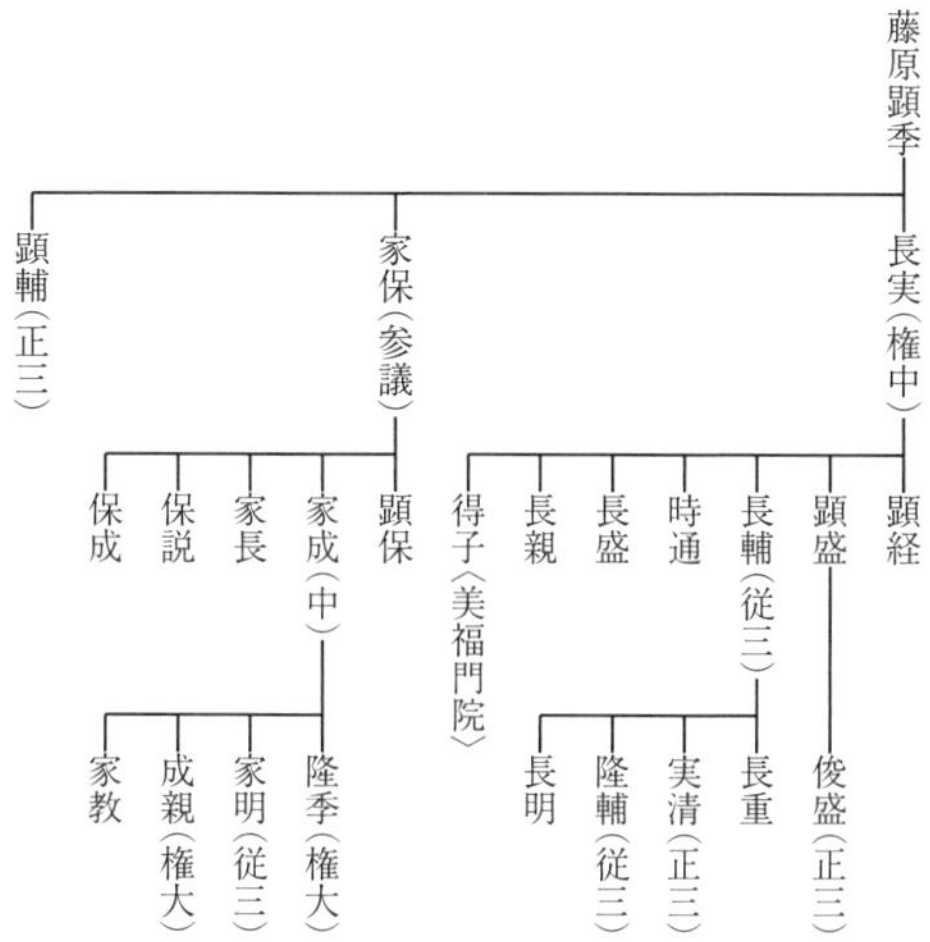

図５　末茂流系図

注：（　）内は公卿昇進者の最高位階・官職．権大＝権大納言，中＝中納言，権中＝権中納言，正三＝非参議正三位，従三＝非参議従三位．

保延元年（一一三五）に、家保は自身の兼ねていた修理大夫を顕保に譲ろうとしたが、家成の反対により実現しなかった(25)。家保の意図は、あくまでも顕保を嫡男とすることにあったのであり、それにもかかわらず嫡流が変動したのは、鳥羽院が白河院政期から一貫して家成を重用した結果であったといえるだろう。

こうした動向は知行国でも見られ、家保が天承元年（一一三一）末に伊予守を辞した二年後、新たに但馬守に任じられたのは、家成の子の隆季であった(26)。また、美濃守は、保延二年に、家保の子の保成から、家成の女婿である藤原忠雅へと交代している(27)。このように、経済活動の面でも、保延年間初頭までに、中心は家成へと移っているのである。

家成の急激な昇進の影響は、大国受領系院近臣全体にわたっている。元木泰雄が明らかにしたように、播磨守は、大国受領系院近臣が公卿へと昇進するための階梯として、伊予守と並んで受領の地位の最高峰に位置していた[28]。家成は、播磨守就任時にわずか二四歳であり、兄の顕保や、同じ末茂流一門の藤原顕盛（三三歳）だけでなく、藤原清隆（良門流、四〇歳）や、藤原忠隆（中関白流、二九歳）といった、他の有力な大国受領系院近臣をも超越したのである[29]。

ところで、先述の通り、家成は崇徳天皇の親王時代の家司であり、かつ、乳母子であったから、本来は、崇徳院の近臣となるべき存在であった。事実、家成以外の家保の子は、崇徳院との関係が深い。まず、家長は崇徳院の上北面であり、保元の乱の際には、腹巻を着用して崇徳院の下に伺候している[30]。また、保成は、崇徳院が保元の乱後に讃岐に配流される際に、車を提供している[31]。そして、保説も、息子が崇徳院の判官代となっている[32]。そうした中で、鳥羽院は一本釣りのように家成を引き立てて近臣とし、崇徳天皇の支持勢力を切り崩したのである。

なお、家成の地位上昇については、従来、美福門院との関係が重視されてきた。しかし、後述する通り、美福門院が鳥羽院の寵愛を受け始めるのは長承三年（一一三四）の春からであり、家成の鳥羽院との関係や急激な昇進は、それに先立って始まっている。家成の台頭は、美福門院への寵愛の結果ではなく、むしろ前提である点が重要である。

2　藤原長実一門の没落と美福門院

次に、家成と同じ藤原氏末茂流で、白河院政期の大国受領系院近臣の筆頭であった藤原長実一門の、鳥羽院政への移行期における情勢について分析する。この点については、すでに先行研究も存在するので、まず、具体的な事実経過を、角田文衛の研究に依拠してまとめる[33]。

白河院死後の大治五年（一一三〇）、長実は、諸大夫身分の者が当時望みうる最高の官職であった権中納言に昇進を果たしたが、同年に長実の嫡男である顕盛が修理大夫を停任されており、一門への抑圧も始まっている。その後、長承二年（一一三三）には長実が死去し、顕盛も翌年に死去、さらに、同年春ごろには鳥羽院の得子への寵愛も始まったが、そのことが待賢門院の怒りを招き、得子の兄長輔は昇殿停止、時通・長親は伯耆・備後の国務停止という処分を受け、一門の家産が没収されるという事態に陥ったのである。

ところが、永治元年（一一四一）に得子の産んだ近衛天皇が践祚し、翌年、待賢門院判官代の源盛行と、盛行の妻で待賢門院女房の津守嶋子が、呪詛の嫌疑により配流される。これにより待賢門院も出家を余儀なくされ、待賢門院と得子との対立は、得子の勝利に終わった。

その後の動向について、元木泰雄は、得子の周囲に摂政藤原忠通・源雅定・藤原伊通・藤原家成といった貴族が集まり党派を形成したことを指摘している[34]。また、五味文彦は、かつて長実の有していた知行国数四ヵ国という数字が、美福門院の下で久寿二年（一一五五）に回復されたことを指摘している[35]。

ここで、新たに指摘したいのは、得子の下に回復された知行国の、国司の顔ぶれの変化である。長実の知行国の国司を務めていたのは、顕盛・長輔・時通・長親といった長実の息子たちや、女婿の藤原公通であった（表4）。しかし、得子の知行国の初期の国司は、得子の乳母夫である藤原親忠と、得子の甥の俊盛であり、長実期の国司は、誰も登用されていない。それどころか、寵妃の兄でありながら、長輔の昇進は遅々たるものであり、時通にいたっては昇進の形跡すらない。これに対し、親忠は父親すらはっきりしないほど出自は低かったが[36]、安房・摂津・筑前・若狭の四ヵ国の国司を歴任している。また、俊盛は叔父長輔を越えて正三位まで昇進している[37]。

以上の事実から、鳥羽院には、白河院政期から活動していた長実の息子たちを用いる意思がなかったと考えられ

表4—1　藤原長実知行国の国司

名前(続柄)	任　国[在　任　期　間]
藤原顕盛(子)	越前[永久2年(1114)11/29△～保安元年(1120)11/25] 伯耆[保安元年(1120)11/25～大治4年(1129)カ] 尾張[大治4年(1129)2/24△～長承3年(1134)1/26]
藤原長輔(子)	甲斐[永久3年(1115)1/29～保安元年(1120)12/24] 丹後[保安元年(1120)12/24～天治元年(1124)1/22]
藤原公通(女婿)	丹波[大治2年(1127)1/19～長承3年(1134)2/24]
藤原時通(子)	因幡[保安元年(1120)1/28～大治2年(1127)12/7] 備後[大治2年(1127)12/7～大治4年(1129)10/23△] 伯耆[～長承3年(1134)]
藤原長親(子)	備中[保安3年(1122)1/23カ～] 尾張[大治2年(1127)1/19～] 伯耆[推定] 備後[～長承3年(1134)]

表4—2　美福門院知行国の国司

名前(続柄)	任　国[在　任　期　間]
藤原俊盛(甥)	備後[保延2年(1136)1/22～保延2年(1136)5/10] 丹後[保延2年(1136)5/10～天養元年(1144)12/30] 越前[天養元年(1144)12/30～仁平2年(1152)12/30] 丹後[仁平2年(1152)12/30～保元2年(1157)3/26] 讃岐[保元2年(1157)3/26～永暦元年(1160)4/7]
藤原親忠(乳母夫)	安房[保延2年(1136)11/4～康治2年(1143)4/3△] 摂津[久安2年(1146)3/18△～久安3年(1147)8/17△] 筑前[久安5年(1149)3/18△] 若狭[～仁平3年(1153)4/6]
藤原実清(甥)	越前[仁平3年(1153)4/6～永暦元年(1160)4/7]
藤原隆信(親忠子)	若狭[仁平3年(1153)4/6～永暦元年(1160)11/23△]
藤原長明(甥)	周防[久寿2年(1155)2/25～保元2年(1157)5/21]

注1：△＝見任を表す.
2：五味文彦「院政期知行国の変遷と分布」(『院政期社会の研究』山川出版社, 1984年, 初出1983年), 宮崎康充・菊池紳一「国司一覧」(『日本史総覧Ⅱ　古代二・中世一』新人物往来社, 1984年)を参照.

る。鳥羽院は、藤原得子に長実期の経済力を回復させたが、その近臣団はあらためて育成したのである。しかも、大国受領系院近臣の中心はあくまでも家成であり、得子の近親者の影響力は、政治的にも経済的にも、家成一門にはるかに及ばなかった(38)。

そして、もう一点、得子について考える上で重要な要素は、彼女が長実から伝領した八条殿の存在である。八条殿は顕季から長実へと伝領された邸宅であるが、単に一個の邸宅であるだけでなく、七条周辺の当時の京都の経済センターに隣接し、西国と京都を結ぶ交通・流通の拠点となっていたことが、美川圭により指摘されている。[39]顕季・長実は白河院の近臣としてこの地域を掌握していたわけだが、鳥羽院は、得子を単に寵愛するだけでなく、正式の后妃として遇することで、八条殿を王家領に組み込んだのである。その後、八条殿とその周辺の付属施設は、得子の生んだ八条院へと伝領され、その経済力を支えることとなった。

以上のように、藤原長実一門の没落と藤原家成の急激な台頭は、鳥羽院の意図的な選択の結果であり、これにより、鳥羽院は白河院政期の院近臣を再編し、自身の院近臣の中核を作り出すことに成功した。また、藤原得子を正式の妃に迎えたことで、鳥羽院は白河院政期に長実の掌握していた経済・流通拠点をも、王家領に組み込んだのであった。

すなわち、鳥羽院の藤原得子に対する寵愛は、院近臣および経済基盤の再編の一環であり、皇位継承の改変を直接の目的としていなかったということである。すでに美川圭の指摘している通り、鳥羽院が、白河院の子であることを理由に、崇徳天皇を退位させるのであれば、他の待賢門院所生の皇子を皇位に即ければよいのであり、得子が男子を産むまで一二年もの間、状況を放置しておく必要はない。[40]また、待賢門院以外の女性の産んだ皇子を皇位に即けることが目的であれば、諸大夫出身と出自が低い得子では本来は不適格であり、より出自の高い女性を選択する方が、目的に適っている。得子を妃に迎えた政治上の理由と、永治元年の崇徳天皇譲位・近衛天皇践祚の事情とは、別個に分析する必要があると考える。

先述の通り、藤原家成が公卿昇進を果たし、家保一門の知行国を掌握したのは、保延年間の初頭である。また、得子が正式に王家の構成員として認知されたのも、叡子内親王を産み従二位に叙された保延二年（一一三六）であった。このように、鳥羽院の院近臣再編政策および王家の改変は、保延年間初頭に一応の完成を見るのであり、永治元年の崇徳天皇譲位・近衛天皇践祚は、そうした政治状況を前提として分析されねばならない。

第三節　崇徳天皇退位の政治的背景

以上の分析を前提に、本節では崇徳天皇譲位・近衛天皇践祚の政治的意義について再検討を行う。本章の冒頭で述べた通り、通説では、この譲位によって崇徳院は院政の可能性を失ったと評価されてきた。この事件に関する記録史料はほとんど残されておらず、従来分析の素材とされてきたのは、次の『愚管抄』『今鏡』の記述である。

サテウエ〳〵ノ御中アシキコトハ、崇徳院ノクライニヲハシマシケルニ、鳥羽院ハ長実中納言ガムスメヲコトニ最愛ニヲボシメシテ、ハジメハ三位セサセテヲハシマシケルヲ、東宮ニタテ、崇徳ノキサキニハ、法性寺殿ノムスメマイラレタル。皇嘉門院ナリ。ソノ御子ノヨシニテ外祖ノ儀ニテヨク〳〵サタシマイラセヨトヲホセラレケレバ、コトニ心ニイレテ誠ノ外祖ノホシサニ、サタシマイラセケルニ、「ソノ定ニテ譲位候べシ」ト申サレケレバ、崇徳院ハ「サ候べシ」トテ、永治元年十二月ニ御譲位アリケル。保延五年八月ニ東宮ニハタタセ給ニケリ。ソノ宣命ニ皇太子トゾアランズラントヲボシメシケルヲ、皇太弟（ト）カ、セラレケルトキ、コハイカニト又崇徳院ノ御意趣ニコモリケリ。

（『愚管抄』巻第四）

もとの女院二所も、かたがたに軽からぬさまにおはしますに、今の女院時めかせ給ひて、近衛の帝生みたてまつらせ給へる、東宮にたてたてまつりて、位譲りたてまつらせ給ふ。

その日辰の時より、上達部さまざまの官々まゐり集まるに、内より院にたびたび御使ありて、蔵人の中務少輔とかいふ人、かへるがへる参り、また六位の蔵人御書捧げつつ参るほどに、日暮れがたにぞ、神璽宝剣など、東宮の御所昭陽舎へ上達部ひきつづきて渡り給ひける。帝の御養子例なきとて、皇太弟とぞ宣命には載せられ侍りける。その御沙汰に、「今日延ぶべし」など、内より申させ給ひけれど、「事始まりていかでか」とてなむ、その日侍りけるとぞ聞え侍りし。（『今鏡』第二）

傍線部で示したように、二つの記事は、いずれも、崇徳天皇の意思に反し、譲位の宣命に「皇太弟」の文言が用いられたと述べている。また、鳥羽院がこうした処置を行った政治的理由を述べていない点も共通しており、通説がその理由を『古事談』の叔父子説話に求めていることは、本章の冒頭で述べた通りである。

問題は、これらの記事の信用性である。両者はいずれも文学的要素の強い作品であり、また、『今鏡』は事件から約三〇年、『愚管抄』は約八〇年ののちに成立したものであって、信用性については十分な吟味が必要である。同時代の記録史料が残されていない状況を踏まえ、本節では、これらの記事を、前後の政治状況と有機的に関連付けることで吟味する。

1　譲位以前の崇徳天皇と近衛天皇

まず、譲位以前の、崇徳天皇と体仁親王（近衛天皇）との関係について分析する。

体仁が誕生したのは保延五年（一一三九）五月一八日であり[41]、七月一六日に親王宣下[42]、八月一七日に立太子が行われている[43]。この中で最も重要な出来事は、体仁の立太子であった。なぜなら、「皇太子」か「皇太弟」かが手続き上で問題となるのは、立太子の宣命においてだからである[44]。

体仁の立太子の宣命は残されていないが、体仁の東宮傅となった藤原頼長が公式文書に「皇太子傅」と署名していることから、立太子の際に体仁が「皇太子」とされたことは確実である[45]。これは、体仁が崇徳天皇の養子として立太子することが、この時点では問題とならなかったことを示している。

注意すべき点は、崇徳天皇・藤原聖子（皇嘉門院、当時中宮）と体仁との養子関係は決して名目上のことではなく、実体をともなっていたことである。体仁は誕生から一月余りのちの六月二七日に、鳥羽院・藤原得子（美福門院）の居住する八条殿から、崇徳天皇・聖子の居住する小六条殿へと移され[46]、同年八月一七日まで崇徳天皇・聖子と同居していた。そして、八月一七日に聖子と体仁が三条西洞院第に移ると[47]、その後は体仁の践祚まで基本的に三条西洞院第が聖子と体仁の居所とされた[48]。そして、永治元年（一一四一）一二月七日の体仁践祚の際には、崇徳天皇と体仁はともに土御門内裏にいたことが確認できる[49]。

一方で、崇徳天皇・聖子と体仁との養子関係が設定されたのち、実母である得子と体仁との関係は、きわめて限定的なものとなった。得子が践祚以前の体仁と会っていることが確認できるのは、永治元年三月七日のみである[50]。また、永治元年一〇月二六日に行われた体仁の着袴の儀の際には、聖子は体仁と同宿し、崇徳天皇が行幸を行っているが、鳥羽院・得子は参加していない[51]。体仁の践祚に際し皇后に立てられているように、得子は国母として扱われてはいるが、実際の体仁の養育は、崇徳天皇・聖子が行っていたのである。

もう一点注目されるのは、藤原実能が体仁の東宮大夫とされていることである。実能は待賢門院の同母兄であり、崇徳天皇の外叔父として、待賢門院・崇徳天皇派の中核を担っていた。彼が東宮大夫に任じられたことは、体仁の立太子が、崇徳天皇にとって敵対的なものではなかったことを示している。

立太子当初の東宮大夫は源師頼であり、実能が任じられたのは師頼死後の保延六年（一一四〇）三月二七日であるが[52]、体仁の三夜・七夜の産養に参仕し[53]、体仁の小六条殿行啓に際し前駆を務めるなど[54]、実能の体仁への奉仕は、誕生直後からすでに始まっている。このことは、体仁の誕生以前から、鳥羽院と美福門院との間に男子が誕生した場合、その男子を崇徳天皇の養子とすることで鳥羽院と崇徳天皇の間に合意ができていたこと、そして、実能をはじめとする崇徳天皇外戚の藤原氏閑院流も、それを了解していたことを示すと考えられる。

以上、要点をまとめると、①崇徳天皇・藤原聖子と体仁親王との間の養子関係は、実体をともなうものであった、②体仁誕生以前から、鳥羽院と藤原得子との間に男子が誕生した場合はその男子を崇徳天皇の養子とすることで鳥羽院と崇徳天皇の間に合意ができており、崇徳天皇の外戚である閑院流もそれを了解していた、③藤原得子は国母として権威付けられていたが、体仁の実際の養育には関与しなかった、という三点に集約される。それでは、こうした体制は、体仁の践祚後にどのように変化するのだろうか。

2　譲位以後の崇徳院と近衛天皇

本章の冒頭で述べたように、譲位後の崇徳院について、栗山圭子は、①康治元年（一一四二）元日に鳥羽院・藤原得子と同殿して諸臣の正月拝礼を受けている、②同日に行われた姝子内親王（高松院、得子所生）の五十日の儀で、姝子に餅を含ませている、③近衛天皇の朝覲行幸に鳥羽院・得子と同席している、④得子の立后後も、妻の藤原聖子に対する拝舞が、鳥羽院の命により行われている、⑤近衛天皇没後の皇位継承者決定の際、子の重仁親王が候補者とされている、という五点を指摘し、これらを根拠に、鳥羽院と崇徳院の決裂は近衛天皇が死去した後のことであると論じた[55]。

これらはいずれも重要な指摘であるが、崇徳天皇退位・近衛天皇践祚の問題について論じるためには、これだけでは不十分である。なぜなら、最も重要な③の朝覲行幸で、崇徳院が同席しているのは康治二年（一一四三）・天養元年（一一四四）に限られており、また、崇徳院は同席しているのみで、近衛天皇から崇徳院への拝は行われていないからである。[56]①の正月拝礼についても、崇徳院への拝礼は翌年以降も続くが、鳥羽院・得子との同殿は見られなくなる。さらに、譲位以前に見られる崇徳天皇の国政参与が譲位後には見られなくなることも、[57]栗山説にとって不利である。そこで、本節では、譲位以後の崇徳院と近衛天皇との関係に着目し、譲位以後の崇徳院の政治的位置付けを明らかにする。

表5（九二〜九三頁参照）は、崇徳天皇譲位後の皇太后藤原聖子の動向を抽出したものである。まず、聖子と近衛天皇の関係を見ると、近衛天皇の践祚から元服まで、聖子は基本的に近衛天皇と同居し、行幸の際には同輿していたことがわかる。これらは、いずれも天皇の母の果たすべき役割であり、聖子は、引き続き養母としての役割を果たしていたのである。逆に、実母である皇后藤原得子は、近衛天皇とは年に数回行啓して会う程度であり、[58]養育の実は果たしていなかった。

次に、藤原聖子と崇徳院との関係について見ると、近衛天皇のもとから退下した際、聖子は常に崇徳院とともに行動している。崇徳院と聖子との関係について、『今鏡』は崇徳院の寵が兵衛佐（法印信縁女、重仁親王母）に移ってからは疎遠であったとしており、[59]これが通説となっている。[60]しかし、公式には崇徳院と聖子との間は円満であったし、さらにいえば、両者の関係は保元の乱直前まで継続しているのである。

以上の二点から、崇徳院・藤原聖子夫妻と近衛天皇との養子関係は、近衛天皇践祚後も継続していたと想定できる。それでは、近衛天皇の朝覲行幸に崇徳院の同席が見られるのが康治二年・天養元年の二年のみであること、また、近衛天皇から崇徳院への拝は行われていないことは、どのように位置付けられるであろうか。

ここで、もう一人の朝覲行幸同席者である藤原得子に着目すると、得子は近衛天皇が死去するまで朝覲行幸に同席し続けたが、得子への拝は康治二年に行われたのみで[61]、翌年以降は行われていない。鳥羽院は、崇徳院を朝覲行幸から排除しただけでなく、得子の存在も目立たないようにしたのであり、いわば両者の政治的権威を相殺するような処置を行ったのである。これによって、鳥羽院は、朝覲行幸で貴族たちに示される人間関係を、自分と近衛天皇との関係に限定しようとしたものと考えられる。

これは、同時に、鳥羽院が崇徳院の政治的権威のみを減じるような処置を行うのは不可能であったことも示している。退位や朝覲行幸の儀礼の場からの締め出しが、崇徳院の権威の低下を意味したことは当然であるが、それらは美福門院派との間の緊張関係の中で慎重にバランスを取って行われたのであり、崇徳院を皇統から放逐するような破局的な措置ではなかったことに注意する必要があるだろう。

以上のように、崇徳院と近衛天皇との養子関係は、践祚の前後で一貫していた。また、近衛天皇の践祚が崇徳院の排除をともなうものであったとすると、藤原実能の任東宮大夫といった、先述の待賢門院・崇徳天皇派に対する鳥羽院の政治的配慮と矛盾してしまう。践祚の際に「皇太子」から「皇太弟」への書き換えがあったとする『愚管抄』『今鏡』の記述の正否を、同時代史料から直接明らかにすることは不可能だが、仮に事実であったとしても、現実に崇徳院と近衛天皇の養子関係が継続している以上、この時点で崇徳院の将来の院政が否定されたと評価したり、この事件を保元の乱の原因と評価したりすることはできない。

崇徳院が決して鳥羽院の家から排除されていなかった徴証は、前節で述べた栗山の指摘や、崇徳院が鳥羽院とともに熊野に詣でているという角田文衛・河内祥輔の指摘など[62]、枚挙にいとまがない。さらに重要と思われるのは、祇園御霊会の馬長調献の問題である。

祇園御霊会の馬長は、白河院政期以後その華美を増していたことが知られているが[63]、白河院政末期の大治年間には、白河院・鳥羽院・崇徳天皇・待賢門院が馬長を献じていた[64]。これに対し、近衛天皇即位後の調献者は、鳥羽院・崇徳院・近衛天皇であった[65]。後白河院政期には再び女院による馬長調献が一般的に見えることから[66]、鳥羽院政期に女院による馬長調献が行われていないのは、意図的な選択の結果と考えられる。

また、久寿元年（一一五四）まで、記録上確認できるすべての城南寺祭に、崇徳院が鳥羽院とともに御幸していることも重要である[67]。城南寺祭は白河院政期に創始された祭であるが、後白河・後鳥羽院政期に、院の臨席はほとんど確認できない。これに対し、城南寺祭を重視し、毎年必ず臨席していたのが鳥羽院であり、しかも、必ず崇徳院をともなっていたのである。

崇徳との関係	出　典
	『本』
崇徳御所三条殿に退下	『本』
法性寺殿に移る	『台』
崇徳，法性寺へ御幸	『台』
崇徳御所三条殿に移る	『台』
	『台』
崇徳と同所（海橋立殿）	『本』
	『本』
崇徳と同所	『兵』
	『本』
	『台』
崇徳御所三条殿に退下	『台』
崇徳と法性寺殿に移る	『台』
崇徳と同所（三条殿）	『台』
	『台』
	『台』
崇徳と同所（近衛殿）	『台』
崇徳と同所	『台』
崇徳と同所（中御門殿）	『兵』
	『兵』
崇徳と同所（中御門殿）	『兵』
崇徳と同所	『兵』
（法性寺殿から中御門殿に移る）	『兵』
	『兵』
崇徳と同所	『兵』
（九条殿に移る）	『兵』
崇徳御所（中御門殿）に移る	『兵』
崇徳と同所（中御門殿）→以後，基本的に中御門殿にあり	『兵』

表5　藤原聖子(皇嘉門院)と崇徳院・近衛天皇

日付	近衛との関係	崇徳との関係	出典
康治元年(1142)			
1/2	内裏にあり		『本』
2/10		崇徳御所三条殿に退下	『台』『本』
3/6	入内		『本』
6/9		崇徳御所三条殿に退下	『本』
6/19	入内		『本』
6/22	行幸に同輿		『本』
11/28		近衛殿に退下	『本』
12/22		→崇徳，近衛殿に御幸	『本』
康治2年(1143)			
1/1	内裏にあり		『台』
1/3	朝覲行幸に同輿		『台』『本』
4/7		崇徳御所近衛殿に退下	『台』『本』
4/21	入内		『本』
11/30		近衛殿にあり	『台』
天養元年(1144)			
1/1	内裏にあり		『台』
1/5	朝覲行幸に同輿		『台』
2/24		崇徳御所三条殿に退下	『本』
4/1	入内		『台』『本』
久安元年(1145)			
1/1	内裏にあり		『台』
1/4	朝覲行幸に同輿		『台』
2/22		崇徳御所三条殿に退下	『本』
3/30		崇徳と同所	『台』
4/2	入内		『本』
久安2年(1146)			
1/1	内裏にあり		『台』
2/1	朝覲行幸に同輿		『台』
久安3年(1147)			
3/7	内裏にあり		『台』
5/20		崇徳と同所	『台』
6/17	内裏にあり		『台』
10/10		崇徳と同所(近衛殿)	『台』
11/15	入内		『台』
久安4年(1148)			
1/1	内裏にあり		『台』
1/14		崇徳御所三条殿に退下	『台』『本』
4/4	入内		『台』『本』
6/8		崇徳御所三条殿に退下	『本』

日付	近衛との関係
6/15	入内
6/25	
7/3	
7/14	
7/22	
10/8	内裏にあり
久安5年(1149)	
1/3	
3/20	延勝寺供養
10/26	
12/22	行幸に同行
久安6年(1150)	
1/1	内裏にあり
1/7	
2/3	
3/20	
3/25	入内
3/28	→退下
12/25	
仁平元年(1151)	
1/1	
仁平2年(1152)	
1/1	
2/25	内裏にあり
3/16	
仁平3年(1153)	
1/1	
2/23	
5/14	内裏にあり
久寿元年(1154)	
1/1	
久寿2年(1155)	
7/17	
12/1	
保元元年(1156)	
2/5	

注1：方違え等の1日程度の移動は一部省略した．
　2：『本』=『本朝世紀』，『台』=『台記』，『兵』=『兵範記』．

これらの事例は、単に崇徳院が鳥羽院の家の構成員であっただけでなく、崇徳院の権威が、政治的セレモニーの場で、外部に向けて可視的に示されていたことを意味する。退位が崇徳院の排除を意味していなかったことは、以上の点からも明らかであろう。

3　鳥羽院による皇統の改変

それでは、永治元年（一一四一）に鳥羽院が崇徳天皇に代えて近衛天皇を践祚させた理由や意図は、どのように理解されるべきであろうか。

すでに、先行研究によって、成人した崇徳天皇が、保延年間に政務決定に参加していたこと、とくに人事をめぐって、鳥羽院と崇徳天皇との間で軋轢が生じていたことが指摘されている(68)。崇徳天皇の退位と近衛天皇の践祚を決定的な衝突と評価しない本節の分析結果に沿えば、崇徳天皇の退位と近衛天皇の践祚の原因は、この軋轢にあったと考えるべきである。この軋轢は、天皇の成人により権力が二元化した結果であり、その解決のためには、崇徳天皇が退位することで、政務運営からいったん外れるしかなかった。すでに述べた通り、父院と成人天皇との間の政治的軋轢は、院政期に一般的に見られる現象であり、鳥羽院と崇徳天皇の関係についても、同様に理解することが可能である。

むしろ、問題の根源は、崇徳天皇に男子がないことにあった。成人天皇に男子が存在する場合、父院と成人天皇との対立は、成人天皇が男子に譲位することで、解決が図られる。ところが、崇徳天皇と中宮藤原聖子との間には子供がなく、女房の兵衛佐（法印信縁女子）との間に第一皇子の重仁親王が生まれるのは、近衛天皇が立太子したのちの、保延六年（一一四〇）のことであった(69)。しかも、下郡剛がすでに指摘している通り、在位中の天皇の皇子が誕生した場合、同年内に親王宣下されるのが通例であるにもかかわらず、重仁への親王宣下が行われたのは誕生の翌年であったことから、重仁が生誕時に皇位継承候補として想定されていなかったことは明らかである[70]。

こうした状況で、近衛天皇を崇徳院の養子とすることは、鳥羽院と崇徳院とが妥協しうる唯一の選択肢であった。鳥羽院は、白河院政の転換の延長線上で家長権を行使し、崇徳天皇を退位させることで院政の継続に成功したのである。そして、崇徳院は、白河院によって定められた正統の皇位継承者として、将来の院政の可能性を残したまま譲位したのである。

異母弟を養子として皇位を継承させるという解決策は、必ずしも突飛なものではない。のちの安元年間（一一七五～七七）にも、高倉天皇の成人後も男子がなかなか誕生しなかったため、異母兄弟にあたる後白河院の皇子を高倉天皇の養子とすることが画策されている[71]。

ただし、高倉天皇の場合は、最終的に父方の後白河院と母方の平家一門とが衝突し、治承三年政変を引き起こす結果に終わったように、兄弟を養子に迎えての皇位継承は、実子への皇位継承と比較して、相当に政治的無理がある選択である。崇徳天皇と近衛天皇の場合は、譲位直後に美福門院呪詛事件が起こり、待賢門院が出家に追い込まれたが[72]、この時点では決定的な破局にはいたらず、崇徳院は近衛天皇の養父として遇され続けた。この妥協が最終的に破れた原因は近衛天皇の死にあったが、この点については最後に述べる。

4　崇徳院と王家領

崇徳院について、ここまでは鳥羽院・近衛天皇との関係を中心に分析してきたが、次に、所領と仏事の面から、鳥羽院政期における崇徳院の位置付けを分析する。

保延五年（一一三九）に供養が行われた成勝寺は、六勝寺の中で五番目に建てられた、崇徳院の御願寺である。すでに指摘されているように、他の六勝寺と同様、成勝寺には寺上卿・弁がおかれ、仏事には太政官機構が関与しており、院司が仏事を経営する院家型寺院とは完全に区別される形態で、経営が行われていた(73)。先行する他の六勝寺と同じく、成勝寺も、当初から「国王ノ氏寺」として構想されていた可能性は高い。

一方で、崇徳院の在世中は、成勝寺は崇徳院個人の御願寺としても扱われていた。保元の乱に際し、崇徳院が、院側に参じた源為義に成勝寺領近江国伊庭庄を与えていることから(74)、鳥羽院政期に多数確認される成勝寺領荘園は、崇徳院の管理下にあったと考えられる。

これに関連して注目されるのは、成勝寺領の成立時期と、その構成である。表6は、史料から確認される、成勝寺領荘園および末寺社の、寄進者と寄進・立荘の時期を抽出したものである。成勝寺領の寄進・立荘が行われた時期は、譲位後の天養～仁平年間にかけてであり、この点も、譲位後の崇徳院の政治的地位の高さを表すものと評価できる。また、出自が判明する寄進者の多くは、崇徳院との関係が深く、崇徳院は、成勝寺領を介して、彼らと独自の経済的関係を構築していたのである。

次に、崇徳院と仏事について分析すると、待賢門院が久安元年（一一四五）に死去したのち、待賢門院所生の皇子である崇徳院は、各種の追善仏事に当然出席している。その中で注目されるのは、待賢門院の一周忌に際し、崇徳院が仏事定を行っている点である(75)。これに対し、家長であり、待賢門院の夫であった鳥羽院は、久安三年（一一四七）・久寿元年（一一五四）の待賢門院忌日の仏事に参列していないように(76)、待賢門院追善仏事との関係は積極的ではない。以上のことから、待賢門院の追善仏事は、待賢門院の長男である崇徳院を中心に行われていたと考えられる。

表6　成勝寺領と寄進者

<table>
<tr><th>荘園・寺社名</th><th>寄　進　者</th><th>寄進年月日</th></tr>
<tr><td>丹波国福貴園</td><td>民部卿入道家</td><td>天養2年(1145) 8/18</td></tr>
<tr><td colspan="3">民部卿入道…藤原忠教△，父は藤原師実(摂関家)，息子教長は崇徳院の近臣(『台記』久安4年10月27日条)</td></tr>
<tr><td>山城国久世園</td><td>右衛門督家</td><td>久安元年(1145)12/27</td></tr>
<tr><td colspan="3">右衛門督…藤原家成▲，父は藤原家保(末茂流)，崇徳院の乳母子(『中右記』大治4年1月24日条)</td></tr>
<tr><td>信濃国広瀬庄</td><td>大法師行智</td><td>久安2年(1146)11/3</td></tr>
<tr><td colspan="3">行智…系図未詳</td></tr>
<tr><td>出雲国揖屋社</td><td>下野前司資憲朝臣</td><td>—</td></tr>
<tr><td colspan="3">資憲…藤原資憲，父は藤原実光(日野流)，崇徳院別当(『兵範記』仁平2年3月16日条)，保元の乱により保元元年7月に出家(『尊卑分脈』)，立荘は天養2年(1145)(永万2年某月8日付後白河院庁下文案，『平安遺文』3386号)</td></tr>
<tr><td>出雲国飯石庄</td><td rowspan="4">上座法橋増仁</td><td>仁平2年(1152) 8/15</td></tr>
<tr><td>但馬国浅間寺</td><td>天養2年(1145) 2/6</td></tr>
<tr><td>阿波国法林寺</td><td>久安2年(1146)12/5</td></tr>
<tr><td>相模国国分寺</td><td>久安6年(1150) 3/26</td></tr>
<tr><td colspan="3">増仁…父は隆尊(藤原氏高藤流)，弟行光の母は待賢門院乳母(『尊卑分脈』)</td></tr>
<tr><td>摂津国難波庄</td><td>阿闍梨教智</td><td>仁平4年(1154) 6/3</td></tr>
<tr><td colspan="3">教智…父は藤原忠教，兄教長は崇徳院の近臣</td></tr>
<tr><td>丹波国池上寺</td><td>阿闍梨寛季</td><td>久安元年(1145)12/—</td></tr>
<tr><td colspan="3">寛季…系図未詳，「胡麻庄」の注記あり</td></tr>
<tr><td>豊前国伝法寺庄</td><td>覚忠</td><td>仁平2年(1152)</td></tr>
<tr><td colspan="3">覚忠の父は藤原忠通(摂関家)，忠通は崇徳院の岳父，立荘は仁平2年(1152)(宇佐公順処分状，『八幡宇佐宮神領大鏡』所収)</td></tr>
</table>

注1：成勝寺領の典拠は年月日未詳成勝寺相折帳(『平安遺文』5098号)・宇佐公順処分状(『八幡宇佐宮神領大鏡』所収)に，寄進者の系譜は『尊卑分脈』による．

2：△＝忠教は保安2年(1121) 6/26に民部卿となり，永治元年(1141) 3/10出家辞任，同年10/25死去(『公卿補任』)．

3：▲＝家成は永治元年(1141) 1/29～久安6年(1150) 8/30右衛門督(『公卿補任』)．

待賢門院の周忌仏事は、初年度の久安二年（一一四六）は、待賢門院の御所であった三条殿で、翌年からは、待賢門院の御願寺である法金剛院で行われた(77)。法金剛院は、待賢門院から統子内親王（上西門院）に伝領されたが(78)、御願寺領と追善仏事とがセットで相伝され、追善仏事の費用が御願寺領によってまかなわれたという先行研究の指摘を考えると(79)、崇徳院が追善仏事を取り仕切っていたことは重要であろう。

この点に関連して注目されるのは、同じく待賢門院の御願寺である円勝寺について、その南側で火災が発生した際、崇徳院が円勝寺に御幸を行っていることである(80)。おそらく、崇徳院は、待賢門院の長男として、待賢門院御願寺の管理に関わっていたものと想定される。

以上のように、崇徳院は、自身の御願寺である成勝寺領を所領とし、また、待賢門院御願寺である法金剛院・円勝寺の管理にも、待賢門院所生の皇子の中の長男として、関わっていたのである。このことが、王家内部における崇徳院の位置付けにとって持った意味については、本章の最後でまとめたい。

おわりに

本章の分析結果をまとめると、以下の通りである。

①白河院は、摂関家から藤原聖子を崇徳天皇の中宮に迎え、崇徳天皇の親王時代の家司・乳母に自身の院近臣の中核を配することで、崇徳天皇の将来の布石を万全に整えていた。

②鳥羽院は、藤原家成を院近臣の中核として育成するとともに、白河院政期の院近臣の筆頭であった藤原長実一門を再編し膝下に組み込むことで、経済的基盤を固めた。藤原得子への寵愛も院近臣再編政策の延長線上に位置し、

皇位継承問題との関連は副次的なものであった。
③崇徳天皇から近衛天皇への譲位は、院政期に一般に見られる、成人天皇と父院との間の政治的軋轢の解消のための措置であった。崇徳天皇は、譲位後も近衛天皇の養父として遇されており、譲位の時点を完全な崇徳天皇排除と評価することはできない。
④崇徳院は、自身の御願寺である成勝寺の所領を経済的基盤として保持していた。また、待賢門院の長男として、待賢門院の追善仏事を差配し、待賢門院御願寺の管理に携わっていた。

最後に、本章で分析してきた鳥羽院政期の皇位継承をめぐる問題と、その後の王家内部の分裂の問題との関係について見通しを述べ、本章の結びとしたい。

近衛天皇の早世により、結果的に、皇位は待賢門院所生の後白河天皇へと移ることとなった。しかし、仮に近衛天皇の男子に皇位が受け継がれていれば、待賢門院流の皇子女は皇統からはじき出され、成勝寺・円勝寺・法金剛院など、彼らの御願寺の荘園群は、皇位とは別に継承されたはずである。

崇徳院と近衛天皇との間に設定された養子関係は、この問題への対応策としての意味も持っていた。この養子関係の設定により、崇徳院の有する成勝寺領も、崇徳院の死後には近衛天皇に伝領されることとなるからである。さらに、待賢門院所生の皇女で、法金剛院領などを伝領していた統子内親王の下にも、美福門院所生の皇女である姝子内親王（高松院）が養女とされており、これによって、待賢門院流の皇子女の所領はすべて美福門院流の皇子女のもとへ還流するよう予定されていた。

以上のように、鳥羽院の皇子女間に複雑に設定された養子女関係は、将来の王家の安定化のために行われたものと理解できるのである。この処置は、未婚のまま生涯を終えることが一般化していた内親王の将来の生活を保障するという、一石二鳥の効果を持っていた。

しかし、近衛天皇の死によって、こうした鳥羽院の処置は無に帰し、美福門院流と待賢門院流との間の妥協も破綻したのである。近衛天皇が男子を残すことなく死去した結果、美福門院の養子となっていた守仁親王（二条天皇）が皇太子とされ、守仁の父で待賢門院所生の後白河天皇が、中継ぎとして践祚する。これにより、守仁と同じく美福門院の養子となっていた重仁親王は、皇位継承から除外され、崇徳院は院政の可能性を絶たれた(81)。

鳥羽院が後白河天皇を皇位に即けたのには、「父を差し置いて子が即位する先例はない」という形式上の理由以上に、現実的な理由が存在した。まず、短期的な問題として、崇徳院政を否定する以上、崇徳院との決裂は決定的だが、まだ少年でしかない守仁では、老年にあった鳥羽院が死去した場合(82)、崇徳院と対抗することは困難である。

さらに、長期的視野で見ると、守仁が美福門院の養子として皇位に即いた場合、より大きな問題は、守仁は待賢門院流の所領に関与できず、美福門院と待賢門院流との分裂が固定化することであった。この事態を回避するためには、待賢門院所生の後白河天皇が即位する必要があったのである。

その後も、美福門院所生の姝子内親王が守仁の東宮妃となり、同じく美福門院所生の暲子内親王（八条院）が守仁の准母となったように、美福門院流の所領を守仁に継承させることで分裂状況を収束させる試みが行われるが、それも、永万元年（一一六五）に守仁（二条天皇）が死去したことで無に帰した(83)。その結果、本章の冒頭で述べた通り、待賢門院流と美福門院流との分裂状況は、両統迭立まで長く影響を及ぼすこととなったのである。

将来設計に際しては、関係者が年齢順に死去するよう想定されるわけだが、現実には必ずしもそのように事が運ぶとは限らない。家長権が強化されるほど、皇位継承や后妃決定による院の家の構成には、家長である院の意思がより反映されるが、それゆえに、実際の状況が想定通りに進まなかった場合に生じる反動も、より大きなものとならざるをえないのである。このことは、中世前期を通じて、王家の抱える構造的な不安定性につながっており、近衛天皇死去とその後の状況の推移も、その不安定さが露呈した事例といえるであろう。

注

（1）上横手雅敬『平家物語の虚構と真実』（塙書房、一九八五年、初出一九七三年）、五味文彦「以仁王の乱――二つの皇統」（『平家物語　史と説話』平凡社、二〇一一年、初出一九八七年）。
（2）橋本義彦『藤原頼長』（吉川弘文館、一九六四年）。
（3）『古事談』二―五四。
（4）角田文衛『待賢門院璋子の生涯』（朝日新聞社、一九八五年、初出一九七五年）。
（5）元木泰雄『保元・平治の乱　平清盛勝利への道』（角川学芸出版、二〇一二年、初出二〇〇四年）。
（6）美川圭「崇徳院生誕問題の歴史的背景」（『古代文化』五六―一〇、二〇〇四年）。
（7）栗山圭子「中世王家の存在形態と院政」（『中世王家の成立と院政』吉川弘文館、二〇一二年、初出二〇〇五年）。
（8）注（5）元木前掲書。なお、院近臣の分類については、元木泰雄「院の専制と近臣――信西の出現」（『院政期政治史研究』思文閣出版、一九九六年、初出一九九一年）参照。
（9）注（4）角田前掲書。
（10）『中右記』大治四年正月九日条。
（11）伴瀬明美「院政期における後宮の変化とその意義」（『日本史研究』四〇二、一九九六年）。
（12）注（4）角田前掲書。
（13）橋本義彦「院政政権の一考察」（『平安貴族社会の研究』吉川弘文館、一九七六年、初出一九五四年）。
（14）『長秋記』元永二年五月二八日条、『中右記』大治四年正月二四日条。
（15）『尊卑分脈』藤原顕隆女子項。

(16)『長秋記』元永二年七月四日条。
(17)美川圭「公卿議定制から見る院政の成立」(『院政の研究』臨川書店、一九九六年、初出一九八六年)。
(18)元木泰雄『藤原忠実』(吉川弘文館、二〇〇〇年)。
(19)拙稿「二条親政の成立」(本書第二部第二章、初出二〇〇四年)。
(20)髙橋昌明『増補改訂　清盛以前　伊勢平氏の興隆』(平凡社、二〇一一年、初出一九八四年)、注(18)元木前掲書。
(21)『長秋記』大治四年八月四日条。
(22)『殿暦』永久五年三月一二日条。
(23)顕保の正四位下昇進は大治五年七月二日(『長秋記』同日条)。
(24)『台記』久安元年四月四日条。
(25)五味文彦「院政期政治史断章」(『院政期社会の研究』山川出版社、一九八四年)。
(26)『公卿補任』長承元年藤原家保項、『中右記』長承二年九月二一日条。
(27)『中右記』長承二年一一月二三日条、『公卿補任』康治元年藤原忠雅項。
(28)元木泰雄「院政期における大国受領――播磨守と伊予守」(注(8)元木前掲書所収、初出一九八六年)。
(29)顕盛の年齢・官途は河野房雄「白河院近臣団の一考察」(『平安末期政治史研究』東京堂出版、一九七九年、初出一九六〇年)に、清隆・忠隆の年齢・官途は『公卿補任』康治元年藤原清隆項、久安四年藤原忠隆項に依拠。
(30)『保元物語』上　新院御所各門々固メノ事付軍評定ノ事。
(31)『兵範記』保元元年七月一三日条。
(32)『本朝世紀』久安五年六月一四日条。
(33)注(4)角田前掲書。
(34)注(18)元木前掲書。
(35)五味文彦「院政期知行国の変遷と分布」(注(25)五味前掲書所収、初出一九八三年)。

(36)『尊卑分脈』は親忠の父について親保・親信・親棟の三説を掲げる。
(37)『公卿補任』長寛二年藤原俊盛項。
(38)なお、鳥羽院政期の家成一門は、知行国主として王家領荘園の大規模な立荘に深く関わっており、その活動の背景には従妹である美福門院との関係があったことが、高橋一樹により指摘されている（「知行国支配と中世荘園の立荘」、同『中世荘園制と鎌倉幕府』塙書房、二〇〇四年）。本章で述べた通り、家成の鳥羽院近臣としての急速な栄達は、美福門院が鳥羽院の寵愛を受ける以前から始まっており、家成と美福門院との提携はその後に結果的に生じたものと評価できる。
(39)美川圭「京・白河・鳥羽　院政期の都市」（元木泰雄編『日本の時代史7　院政の展開と内乱』吉川弘文館、二〇〇二年）。
(40)注(6)美川前掲論文。
(41)『台記』保延五年五月一八日条。
(42)『本朝皇胤紹運録』近衛院項。
(43)『百錬抄』保延五年八月一七日条。
(44)たとえば、敦良親王（後朱雀天皇）が同母兄後一条天皇の皇太弟とされた際の宣命には、「旧例モ在尓依天奈牟皇太弟度改定給」の文言が見える（『立坊部類記』所収『権記』寛仁元年八月九日条）。
(45)藤原頼長左近衛大将上表文（『本朝続文粋』巻第五）。
(46)『台記』保延五年六月二七日条。
(47)『行啓記』保延五年八月一七日条。
(48)『兵範記』永治元年三月七日条、『玉蘂』承久二年一一月五日条。なお、保延五年八月二七日に皇嘉門院と体仁親王（近衛天皇）は小六条殿に行啓しているが（『行啓記』同日条）、滞在期間は不明である。
(49)『践祚部類抄』。
(50)『兵範記』永治元年三月七日条。

(51)『玉蘂』承久二年一一月五日条。
(52)『公卿補任』保延五年源師頼項、同保延六年藤原実能項。
(53)『台記』保延五年五月二〇日条・同二四日条。
(54)『台記』保延五年六月二七日条。
(55) 注(7)栗山前掲論文。
(56)『台記』康治二年正月三日条・天養元年正月五日条。
(57) 安原功「中世成立期の権力関係――天皇・摂関・院と公卿議定」(『ヒストリア』一四五、一九九四年)、下郡剛「国家意思決定連絡合議に見る後白河院政」(『後白河院政の研究』吉川弘文館、一九九九年)。
(58) たとえば康治元年の場合、得子が朝観行幸以外に近衛天皇と対面しているのは、二月二日(翌日退下)・一〇月二日(二日後退下)に入内した際のみである(『本朝世紀』)。
(59)『今鏡』第五。
(60) 注(4)角田前掲書。
(61)『台記』康治二年正月三日条。
(62) 注(4)角田前掲書、河内祥輔『保元の乱・平治の乱』(吉川弘文館、二〇〇二年)。
(63) 五味文彦「馬長と馬上」(注(25)五味前掲書所収)。
(64)『長秋記』大治四年六月一四日条。
(65)『本朝世紀』久安五年六月一四日条。
(66)『玉葉』承安二年六月一四日条。
(67)『本朝世紀』康治元年九月二三日条、『台記』康治二年九月一九日条・天養元年九月二一日条・久安二年九月二二日条・久安三年九月二〇日条、『兵範記』仁平二年九月二七日条・久寿元年九月二六日条。
(68) 注(5)元木前掲書、注(57)安原前掲論文、注(57)下郡前掲論文。

(69)『一代要記』。
(70)下郡剛「院政下の天皇権力」(注(57)下郡前掲書所収)。
(71)五味文彦「平氏軍制の諸段階」(『史学雑誌』八八—八、一九七九年)、元木泰雄「後白河院と平氏」(注(8)元木前掲書所収、初出一九九二年)。
(72)注(4)角田前掲書。
(73)海老名尚「中世前期における国家的仏事の一考察——御願寺仏事を中心として」(『寺院史研究』三、一九九三年)、遠藤基郎「天皇家王権仏事の運営形態」(『中世王権と王朝儀礼』東京大学出版会、二〇〇八年、初出一九九四年)。
(74)『保元物語』上 新院為義ヲ召サルル事。
(75)『台記』久安二年六月二八日条。
(76)『台記』久安三年八月二二日条・久寿元年八月二二日条。
(77)『台記』久安二年八月二二日条・久安三年八月二二日条。
(78)蘆田伊人編『御料地史稿』(帝室林野局、一九三七年)。
(79)近藤成一「鎌倉幕府の成立と天皇」(『講座 前近代の天皇 一 天皇権力の構造と展開 その一』青木書店、一九九二年)。
(80)『本朝世紀』仁平三年閏一二月一四日条。
(81)注(2)橋本前掲書。
(82)当時五三歳であった鳥羽院は、美福門院へ御願寺や鳥羽殿の処分を行う(『台記』久寿二年八月一五日条)など、すでに死去後の準備を始めていた。
(83)拙稿「中世前期の政治構造と王家」(本書第二部第四章、初出二〇一〇年)。
(補注)本章第三節4「崇徳院と王家領」は、本来、「中世前期の政治構造と王家」(本書第二部第四章、初出二〇一〇年)に収められていたものであるが、行論の便宜上、本章に内容を移した。

第二章　二条親政の成立

はじめに

院政期・鎌倉期の政治史上において、後白河院の存在の持つ重要性はいうまでもない。とくに、近年、武士と対立する存在、あるいは武士に支配の正統性を付与する存在としてではなく、後白河院政そのものを研究対象として正面から取り扱う必要性が主張されている(1)。

後白河院の政治的位置付けについては、従来、後白河院が本来「中継ぎ」の皇位継承者であり、正統性の不備が政治的地位の不安定要因となっていた、という事実が重視されてきた(2)。これは、一方で、正統の皇位継承者である二条天皇と後白河院との関係の重要性を意味する。しかし、この点については、龍粛以来の研究があるものの(3)、十分に具体化されておらず、とくに、後白河院から二条天皇への急激な権力移行が応保元年（一一六一）九月に生じる要因、二条天皇がそれを可能としえた理由は、史料上の制約もあり、これまで十分に説明されていない。そこで、本章では、当該期の王家の構成に着目し、そこに現れる後白河院と二条天皇の関係を分析することで、後白河・二条朝の政治過程の明確化を試みる。

具体的な分析素材としたいのは、王家構成員の婚姻関係・養子女関係である。このうち婚姻関係については、とくに、院・天皇・皇太子といった、皇位継承者とその予定者の婚姻に注目する。皇位継承者の婚姻は、次世代の皇位継承者を産むべき存在の決定、ひいては将来における外戚の選択という意味を持つ、政治権力の行方を左右する重要事である。伴瀬明美の指摘の通り、摂関期においては有力貴族たちによって天皇の婚姻関係が決定されていたが、院政期に入ると王家の家長が天皇の婚姻関係の決定権を掌握し、院政成立の前提となった。そして、その結果、院を中心に新しい後宮が編成され、天皇の正妃はほぼ后のみに限られるようになり、天皇を中心とする後宮は形骸化し縮小される[4]。

ところが、表7から明らかなように、後白河・二条朝では、后位の変動や院号宣下が非常に激しく行われている。これはこの時期に特有の現象であり、それ自体が注目に値する重要な事実であるが、それ以上に、当該期における家長権の所在を分析するための重要なカギになると考える。院政という政治システムは、天皇に対する父院の家長権による優越を存立基盤としているが、とくに、後白河院の准母として家長権を掣肘する存在であった美福門院の死後、二条天皇が父後白河院の政務介入を排除するためには、何らかの方法でその家長権を乗り越えねばならないはずであり、院政期に王家家長が決定権を持つ婚姻関係は、家長権の所在を反映していると考えられるからである。

また、後述する通り、当該期には、王家内部における養子女関係も多数設

院号宣下	参　　考
	呈子・多子は先帝である近衛天皇の后
	3月5日 東宮妃姝子内親王
	統子は後白河天皇の准母
2月13日 上西門院 （統子内親王）	
	*多子再入内
12月16日 八条院 （暲子内親王）	暲子は二条天皇の准母
2月5日 高松院 （姝子内親王）	

表7　後白河・二条朝後宮表

年　号	天　皇	中　宮	皇　后	皇太后	太皇太后	女　御
久寿2年（1155）	7月24日 後白河	（藤原呈子）	（藤原多子）	（空位）	（空位）	10月20日 藤原忻子
保元元年（1156）		10月27日 藤原忻子	10月27日 藤原呈子	10月27日 藤原多子		
保元2年（1157）						10月11日 藤原琮子
保元3年（1158）	8月11日 二条		2月3日 統子内親王	2月3日 藤原呈子	2月3日 藤原多子	
平治元年（1159）		2月21日 姝子内親王	2月21日 藤原忻子			
永暦元年（1160）						
応保元年（1161）						12月17日 藤原育子
応保2年（1162）		2月19日 藤原育子				

定されている。近年注目が集まっている天皇の准母立后制度など[5]、王家内部で設定された擬制的血縁関係は、政治的権威や所領の伝領の面で、重要な役割を果たしたことが指摘されている。こうした養子女関係の設定を、従来の研究では、家族制度や所領の伝領といった枠組みごとに捉えて分析してきたが、本章では、個別の制度や伝領の枠組みを越えて、同時期の事象として捉え直すことで、当該期の政治情勢を分析する手段として用いることを目指す。

　以上の観点は、院政期に形成される王家についての家族史研究の成果と深く関わる。家族史研究は、近年研究が大きく進展している分野であるが、その多くは制度史や家族史の枠にとどまり、政治過程の分析に十分活用されていない。先の視角設定により、これらの研究成果を政治史に活かすことが可能になると考える。

第一節　鳥羽院の皇位継承構想

本節では、当該期の政治状況の前提として、鳥羽院の皇位継承構想について分析する。後白河院と二条天皇との関係を最初に規定したのは、近衛天皇死去後の久寿二年（一一五五）七月に皇位継承者が決定された王者議定であった。この議定については、①美福門院の養子守仁親王（のちの二条天皇）の即位を前提に、守仁の父後白河天皇が中継ぎとして即位することが決定された、②これにより、同じく美福門院養子であった崇徳院皇子重仁親王の即位の可能性はなくなり、崇徳院は完全に皇統から排除された、③以上は鳥羽院・美福門院・摂政藤原忠通・信西の四者の主導で決定され、内覧であった藤原頼長は排除されて、後白河天皇即位後に内覧宣下を受けることもできなかった、という三点が、通説的理解となっている(6)。

従来の研究では、直後の保元の乱に注目が集中し、後白河天皇即位後のその他の事象については、ほとんど分析されていない。しかし、後白河天皇即位から鳥羽院死去・保元の乱勃発までの期間がわずか一年になると、後継者決定の時点で予測されていたわけではない。むしろ、重視すべきは、後白河天皇即位後に行われた、後白河天皇と藤原忻子、東宮守仁と姝子内親王という、二組の婚姻である。鳥羽院存命中に行われたこれらの婚姻には、当然、王家の家長である鳥羽院の意図が介在しているはずであり、時期的にも後白河天皇の即位と関係が深いと考えられる（図6）。

1　藤原忻子の入内

後白河天皇即位直後、久寿二年（一一五五）一〇月に女御として入内した藤原忻子[7]は、閑院流徳大寺家の藤原公能の女子である[8]。

徳大寺家は崇徳院の外戚であったが、前章でもすでに述べたように、鳥羽院は崇徳に代えて美福門院所生の近衛天皇を即位させたため、徳大寺家は摂関家の忠実・頼長派と連携し勢力維持を図ったが、美福門院派に押され苦境にあった。ところが、待賢門院所生の後白河天皇の即位により、徳大寺家は再び外戚の座に返り咲いたのである[9]。

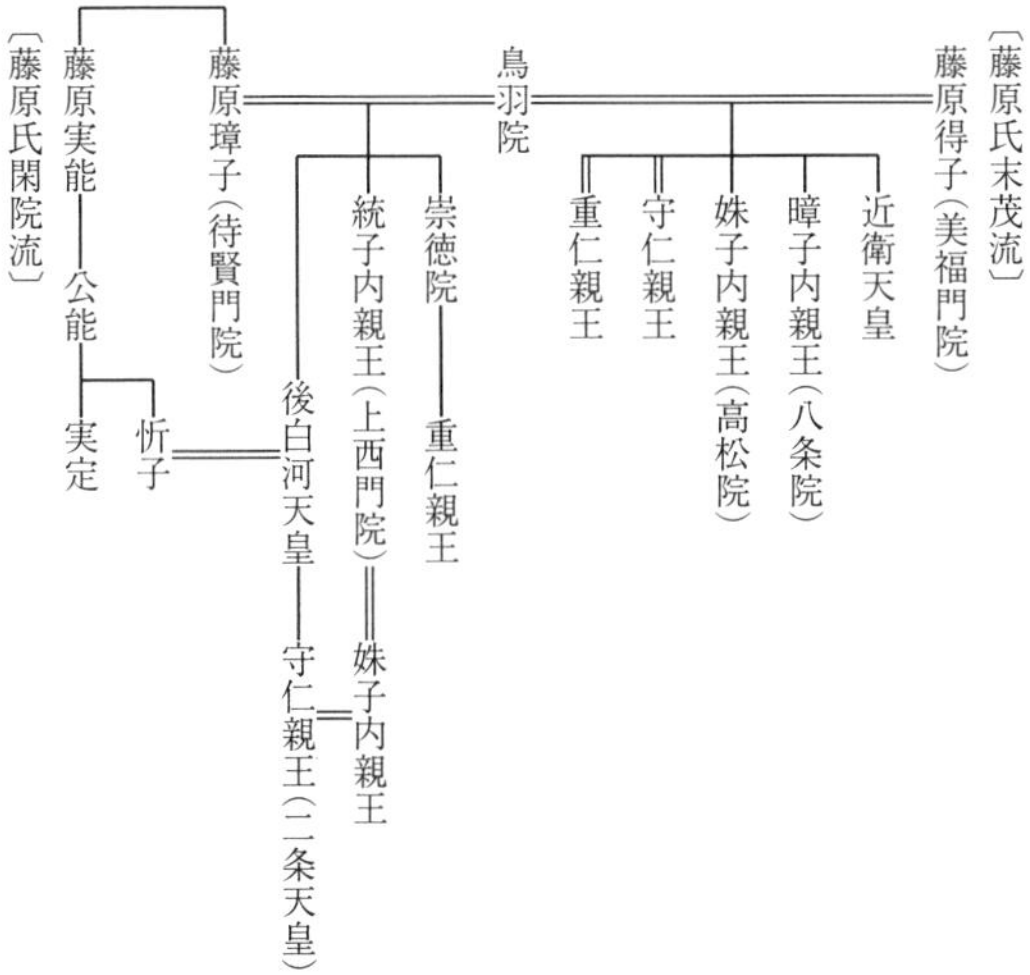

図６　王家関係系図１（保元の乱まで）

注：＝は養子関係．以下同じ．

忻子の入内により後白河天皇との関係が強化された結果、後白河天皇在位期間の徳大寺家の勢力伸張は目覚しく、実能は内大臣から左大臣に、公能は中納言から権大納言・右大将に昇進し、実定は従四位上から従三位を経て権中納言に直任されている[10]。また、知行国として美作国を獲得し、任中に河内庄を家領とするなど、経済面での活動も活発であった[11]。

忻子入内による後白河天皇と徳大寺家の関係強化・勢力拡大は、当然、後白河天皇派の強化につながるが、鳥羽院はこれを容認していたと考えられる。しかも、忻子は入内の翌保元元年（一一五六）一〇月、王家・摂関家の女子以外で初めて皇子出産以前に中宮に立后されているが[12]、これは女御として入内した時点で決定されていたものと想定される[13]。こうした異例さを見ても、鳥羽院が後白河天皇の王権を強化する必要に迫られていたことは明らかである。

その理由は、皇位継承から崇徳院・重仁親王を排除したために、崇徳院への対抗上、後白河天皇の王権を強化する必要があったからだと考えられる。この点で、忻子入内は、後白河天皇の王権強化にとどまらず、本来崇徳院派であった徳大寺家を、確実に後白河天皇派とする効果があった。保元の乱で、後白河天皇が高松殿から東三条殿へと行幸した際、通常の行幸と異なり、わざわざ忻子を同行していることは、忻子の存在の重要性を示すものといえる[14]。

2　姝子内親王（高松院）と東宮守仁の婚姻

保元元年（一一五六）三月五日に、東宮守仁の妃となった姝子内親王は、美福門院所生の、鳥羽院第三皇女である[15]。その後、姝子は守仁の即位により平治元年（一一五九）中宮とされ[16]、応保二年（一一六二）には院号宣下を受け高松院となった[17]。

すでに指摘されているように、鳥羽院が姝子を守仁の東宮妃とした第一の理由は、美福門院養子である守仁に、美福門院所生の内親王を娶らせることによって、美福門院系の皇統を強化するためと考えられる[18]。守仁にとって、姝子は、皇位継承者としての正当性を象徴する存在であった。平治の乱の際にも、二条天皇は姝子とともに六波羅殿に行幸している[19]。

しかし、もう一つ見逃せないのは、姝子が、後白河天皇の同母姉統子内親王（上西門院）の養女だったことである。婚姻の際、姝子は、統子の三条高倉邸から守仁のもとに嫁いでおり、その婚儀も、鳥羽院が沙汰する一方で、諸々の経営は統子が行っていた[20]。さらに、守仁との婚姻後も、姝子は統子の三条高倉邸へ行啓している[21]。

両者の養子関係は、統子の同母弟である後白河天皇と、姝子とを、密接に結びつけた。たとえば、譲位直後の保元三年（一一五八）一〇月、後白河院は、統子・姝子をともない、宇治への大規模な御幸を行っている[22]。また、姝子は、平治元年初頭に後白河院と高松殿で同居し、立后もここで行われている[23]。さらに、姝子は永暦元年（一一六〇）八月に出家するが、後白河院はこれを制止している[24]。

統子と姝子との関係が、姝子の婚儀以前から緊密であったことを考えると、後白河天皇と姝子との関係も、当然それ以前に遡りうる。つまり、鳥羽院の意図は、単に守仁と美福門院との関係を強化するだけではなく、姝子を介して、守仁の後宮を後白河天皇に掌握させることにあったといえる。守仁が幼年である以上、さしあたっては後白河天皇による執政が必要であった。それは、当然後白河天皇の親権が前提であり、この婚姻は、後白河天皇の親権強化策の一環と評価できる。

以上の二つの婚姻に見られる鳥羽院の意向は、後白河天皇から守仁への皇位継承を規定する一方、後白河天皇の王権を強化し、さらに、後白河天皇に守仁の後宮を掌握させることで、後白河天皇の守仁への親権をも強化する、というものであった。その理由は、崇徳院―重仁を皇統から締め出したために、崇徳院への対抗上、後白河天皇―守仁の皇統に正統性を付与し、強化することが不可欠であり、また一方で、守仁が幼年のため、当面は後白河天皇の執政が必要だったからである。従来、「中継ぎ」としての権威の弱さのみが評価されてきた後白河天皇であるが、守仁への皇位継承を前提とする限り、その正統性や、父としての守仁に対する優位は、鳥羽院によって保障されていたと考えるべきである。

第二節　後白河天皇と美福門院——鳥羽院死後

次に、鳥羽院死去後の、皇位継承構想の推移を分析する。この期間は、保元の乱の勝利により後白河天皇の立場が強化される一方、守仁の皇位継承も実現するなど、入り組んだ様相を呈する。こうした過程に深く関わるのは、鳥羽院の後家である美福門院と、皇位にあった後白河天皇との関係である。

両者の関係については、栗山圭子により、すでに分析が行われている。[25]それによると、一般に、天皇が幼少で母后が死亡して不在のとき、母后代理として皇女が准母立后され、新天皇の属する皇統を明示する役割を担った。そして、守仁を養子としていた美福門院は、すでに成人していた後白河天皇とも准母関係を設定し、守仁への皇位継承を前提とする現政権の中に、後白河天皇を位置付けようとした。しかし、後白河天皇は、自身の母待賢門院の——ひいてはその庇護者であった白河院の——権威を体現する存在として、同母の姉統子を准母として立后させ、この体制と決別した。以上のような栗山説の当否も含め、本節では、美福門院・後白河天皇・二条天皇の関係について分析する（図7）。

1　保元三年正月の後白河天皇朝覲行幸

まず、栗山説の重要な論拠の一つである、保元三年（一一五八）正月一〇日に行われた朝覲行幸について検討する。この朝覲行幸の際、後白河天皇は美福門院を准母として拝し、東宮守仁は暲子内親王（八条院）を准母として拝している。[26]美福門院の意図が、後白河天皇とも擬制的な親子関係を設定し、守仁への皇位継承を前提とする現政権の中に後白河天皇を位置付けようとすることにあったとする栗山の見解は、正当なものと思われる。

しかし、翌平治元年（一一五九）の正月七日にも、後白河院が美福門院に対して拝観を行っている点に、注意しなくてはならない。(27) この時点で、後白河院はすでに譲位しているため、これは朝観「行幸」ではなく「御幸」であり、これ以前の事例では、延久五年（一〇七三）の後三条院による母陽明門院参観、康治元年（一一四二）の崇徳院による母待賢門院参観が確認できる。(28) また、母である女院への年頭の朝観御幸が、後鳥羽院政期に治天御幸始として一般化することが、白根靖大により指摘されている。(29)

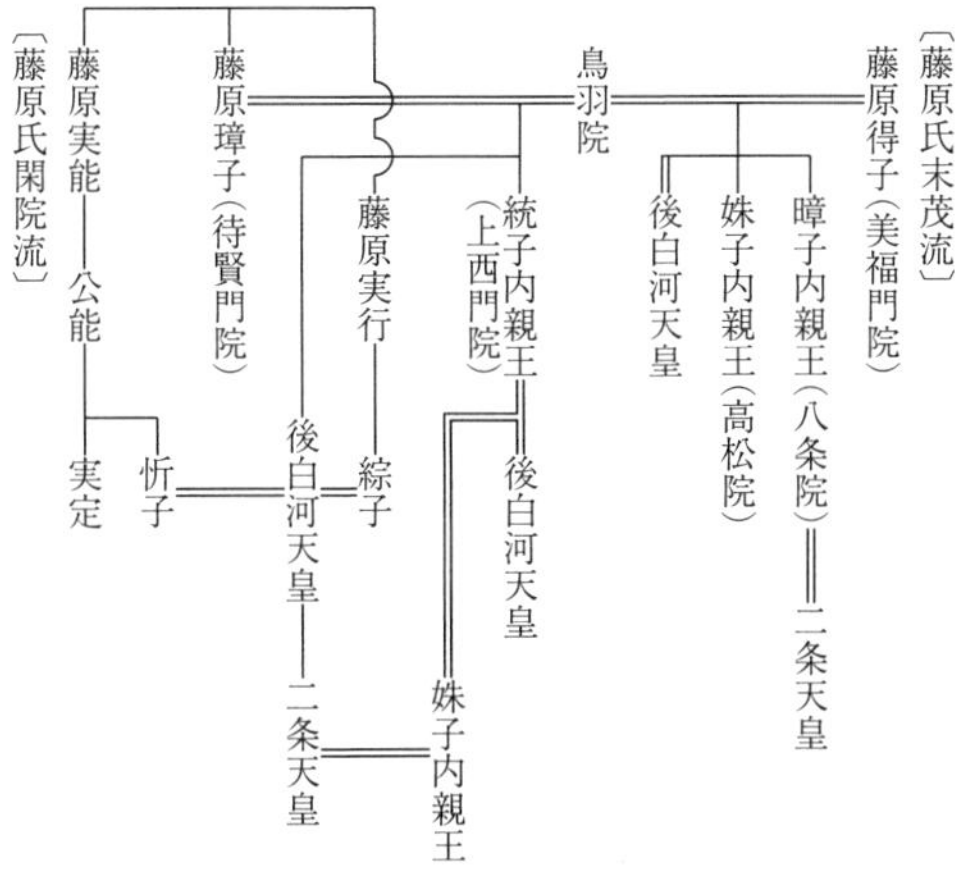

図７　王家関係系図２（保元の乱〜平治の乱）

この御幸は、保元三年二月の、統子の准母立后(30)以後に行われている。つまり、統子の准母立后後も、美福門院と後白河院との准母関係は継続しているのであり、統子の准母立后によって後白河天皇と美福門院との関係が変化したと見ることはできないのである。

2　統子の准母立后

次に、保元三年（一一五八）二月の統子の准母立后について検討する。栗山の指摘の通り、統子の准母立后が後白河天皇の意図によることは、間違いないと思われる。

問題は、統子の立后が計画された時期である。これを明示する史料はないが、四ヵ月前の保元二年（一一五七）一〇月、後白河天皇が再建された大内裏に初めて入った際に、統子もともに入内していることが注目される[31]。同時に入内した中宮忻子・東宮守仁・東宮女御姝子は、いずれも正式の后位・宮位ないしそれに准じる立場であり、こうした処遇を受けていない統子が、この中にとくに加わっていることは異例である。また、准母立后制の淵源は、天皇と同居する不婚内親王にあることが指摘されており[32]、統子以前の准母立后の事例では、すべて立后以前に天皇との同居を経ている[33]。以上の点から、統子立后は前年の入内の時点から計画されていたと考えられる。

もっとも、このとき唐突に、統子が後白河天皇を囲繞する存在として設定されたわけではない。すでに第一節で述べた通り、統子は姝子の養母であり、姝子・統子を介して後白河天皇が守仁の後宮を掌握することが、鳥羽院の皇位継承構想にも盛り込まれていた。その延長として、後白河天皇が自己の王権強化のため統子立后を考えるのは自然である。

このように、後白河天皇の美福門院参覲と、統子の立后とは、いずれも前後の時期との連続性を示している。保元三年の譲位が、美福門院と信西により決定されたような状況で[34]、両者の承認なしに、後白河天皇が統子立后を行うことができたとは考えられない。後白河天皇の意図が美福門院・守仁との決別にあったなら、美福門院は統子立后を承認しないはずである。また、保元二年に閑院流三条家藤原公教の女子琮子が後白河天皇の女御となっているが[35]、三条家は後白河天皇の母系の有力な一門であり、琮子入内も後白河天皇の王権強化・陣営増強の一環であった。琮子入内が何の障害もなく実現していることからも、美福門院は後白河天皇の王権強化を容認していたと考えられる。容認の理由は、譲位が美福門院と信西によって決定されたように、後家として美福門院が存在する限り、後白河天皇の行動を美福門院の容認する範囲に限定することが可能だったからだと考えられる。

また、即位当時わずか一六歳の二条天皇による親裁は当然ありえないが、美福門院も、天皇親裁に関わる政治的行動や、後白河天皇の日常政務への介入は、まったく行っていない。美福門院にとって実現すべきは、守仁を経て、守仁と姝子との間に生まれる皇子へ、という鳥羽院の皇位継承構想であって、それが改変されない限り、後白河天皇による将来の院政を否定する必要性はなかった。後白河天皇が親権により守仁を保護するという鳥羽院の方針は、その決定に参画していた後家の美福門院にも継承されているのである。すなわち、当該期の王家は、後白河天皇が守仁を父権によって保護し、美福門院が双方を擬制的血縁関係によって抱合するという形態をとっており、後白河天皇の自派強化の政策も、その枠組みの中に収まるものであったと考えることができる。

第三節　二条親政の開始

以上の分析結果を前提に、応保元年（一一六一）九月の二条親政開始について考察する。龍粛以来指摘されている通り[36]、応保元年九月の憲仁親王（高倉天皇）誕生を契機に、後白河院が政治決定から排除され、二条親政が開始される。

しかし、二条天皇にとって、憲仁の誕生は、本来、新たな皇位継承候補者の出現を意味する、不利な出来事である。事実、このとき、二条天皇を廃して憲仁を即位させようと計画したことを理由に、憲仁の叔父平時忠や、平家一門の平教盛が解官されている[37]。しかも、憲仁誕生時に、二条天皇はまだ一九歳と若年の上、疱瘡のため病床にあった[38]。

また、後白河院・二条天皇両者の支持基盤を比較すると、後白河天皇即位・守仁（二条天皇）立太子の直後から、後白河院派・二条天皇派というべき側近集団が、すでに形成されていた。このうち、二条天皇派の中核は、外戚で

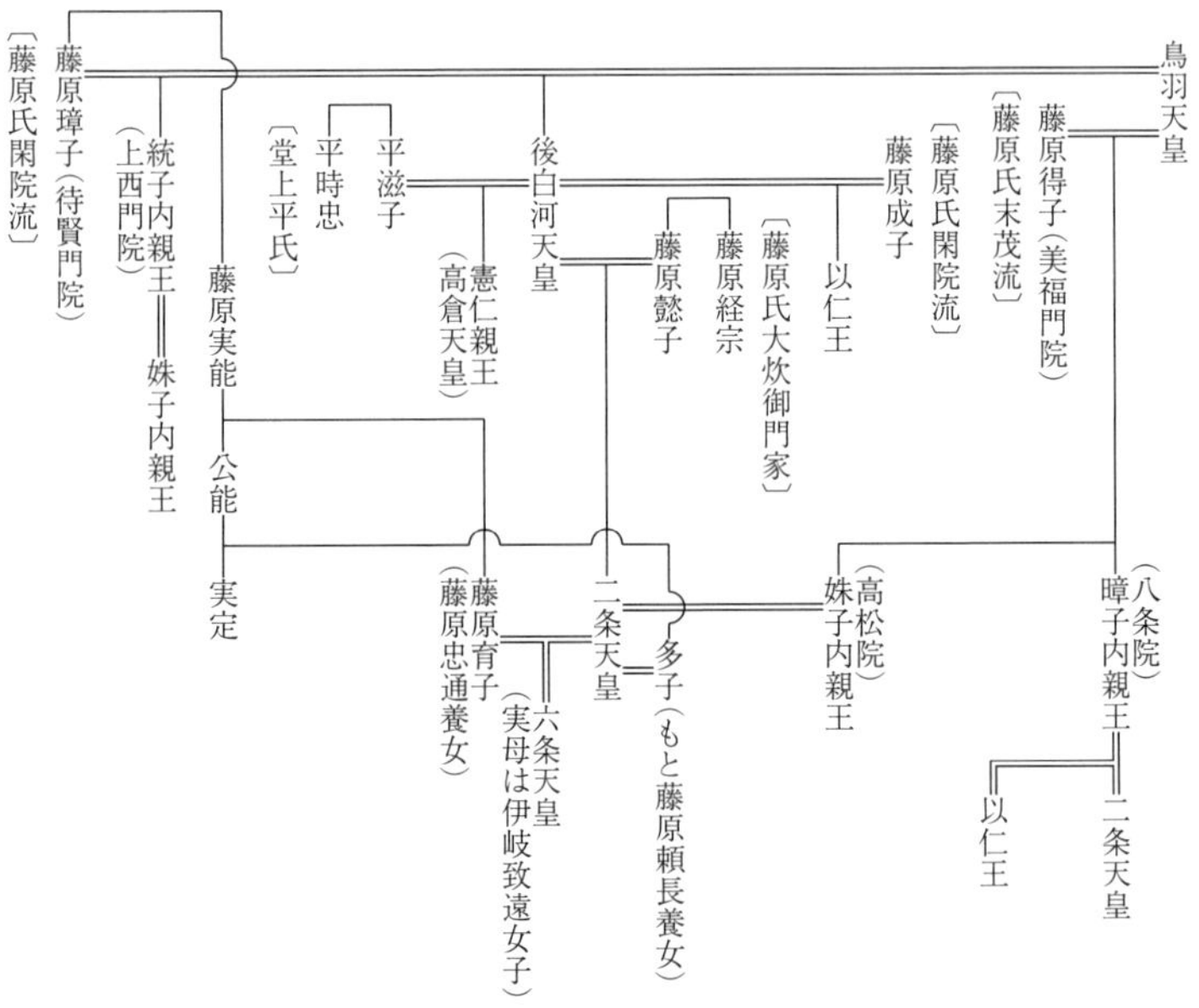

図８　王家関係系図３（平治の乱後）

ある藤原経宗や乳兄弟の藤原惟方であったが、彼らはともに平治の乱の影響で乱直後の永暦元年（一一六〇）に失脚しており[39]、二条親政が開始された応保元年の時点では、中核を失った二条天皇派は弱体化していた。これに対し、後白河院派では、平治の乱で藤原信頼以下院近臣の多くが死亡・失脚したものの、外戚の徳大寺家は健在であった。

そして何より、永暦元年一一月に美福門院が死去し、二条天皇は、後白河院を掣肘しうる最大の庇護者を失っていた[40]。前節で確認した通り、当時の王家では、後白河院が親権により二条天皇を保護し、後家の美福門院が、擬制的血縁関係により両者を抱合していた。本来は中継ぎとして権威が低かった後白河院であったが、美福門院の死により、結果的に、後白河院の二条天皇に対する親権だけが、強化された形で残されたのである。

鳥羽院の正統の後継者としての立場だけでは、このとき、二条天皇がこうした悪条件を克服し、後白河院を政務運営から排除しえた理由を、十分に説明できない。本節では、その理由を解明し、二条天皇が拠って立つ政治的基盤も、あわせて明らかにしたい。

分析の材料として、藤原育子の入内と、姝子内親王（高松院）・暲子内親王（八条院）への院号宣下を取り上げる。これらは、いずれも二条親政の開始直後に集中して行われており、二条親政の開始と緊密な関係にあると考えられる（図8）。

1　藤原育子の入内

藤原育子は閑院流徳大寺家藤原実能の女子で、入内以前から摂関家藤原忠通の養女となり、応保元年（一一六一）一二月一七日の入内の際には忠通の子基実の猶子とされた(41)。

育子の入内が決定された明確な時期は不明だが、入内関連の初見記事である『山槐記』同年一一月二〇日条で、記主の藤原忠親は、藤原光隆から「女御殿淵酔」の有無について問い合わせを受けている。すなわち、この時点で育子の入内は細部に関する詰めの段階に達しており、入内の決定時期はそれ以前、九月中旬の二条親政確立とほぼ重なると考えられ、育子の入内が二条親政確立に深い関わりを持っていたことは確実である。

平治の乱以前の摂関家は、保元三年（一一五八）四月に院近臣藤原信頼との衝突によって家司の藤原邦綱・平信範が解官され(42)、先述の通り、同年八月の後白河院から二条天皇への譲位は信西と美福門院のみによって決定されるなど、保元の乱での分裂・抗争により、勢威が低下していた。ところが、龍粛の指摘の通り、平治の乱後、応保元年九月までの政務は、後白河院・二条天皇・摂関家大殿藤原忠通・関白藤原基実の四者間の連絡・調整によって運営されている(43)。このことは、摂関家の政治的影響力が、平治の乱後に強化されたことを意味する。こうした摂関家

表8　奏事一覧表（後白河院政期）

年月日	番号	事案	発言者	発言内容	備考
永暦元年(一一六〇)12月2日	1	興福寺、恵信の任大僧正を申請△			
	2	経範所進の公家勘文	①後白河 ②基実	早可レ奏二申御慎一之由、可レ有二御祈一 (特に無し)	忠通は桂にいて不在・二条は衰日
	3	右兵衛志武清・兵庫属季長の辞官申請	①後白河 ②基実 ③忠通	聞食畢 同前(聞食畢) 聞食了	忠通は桂にいて不在・二条は衰日
12月3日	4	皇太后宮少進藤原良清の任非蔵人申請	①忠通 ②後白河 ③忠通 ④後白河 ⑤二条 ⑥後白河	可レ申二事由一 大殿可下令二計申一給上 件男子細委不二知給一、可レ在二御定一 可レ申レ内 当時非蔵人三人、人数雖レ多、四人有二其例一、可レ依二院仰一 無二左右御返事一	申請者は藤原伊通
	5	清原宗直の任蔵人所衆申請	①忠通 ②後白河 ③忠通 ④二条	早可二奏聞一 大殿可二仰下一由被レ申者、早可二宣下一 早可二仰下一 聞食了	
12月7日	6	陪従の五位役免除申請	①忠通 ②基実 ③後白河	早可レ奏 (特に無し) 此事先年所レ申也、然而陪従役者雖レ似二連連一、又無二所役一之時多レ之、世間役勤仕五位不レ幾、被レ免者、定無人勤レ役歟、但前関白可レ被二計申一	
12月11日	7	滝口源盛致の斎院公役辞退	①二条 ②基実	可二計差進一者、申二院殿下一、此事強非二大事一、然而近代事有二内奏輩一之故也 (特に無し)	

	8	珍豪の任御仏名御導師申請	①二条 ②基実 ③忠通	前関白可レ被二計申一 (特に無し) 故白河院御時有二瑕瑾一之者被レ仰二御導師一之間、以外事出来、能相二尋如レ然事一、可二申上一也	申請者は天台座主最雲
	9	斎院上卿顕時の請文	①二条 ②基実	聞食了 (特に無し)	
	10	下毛野敦方の二男友武への鷹飼職譲渡申請	①二条 ②基実 ③忠通 ④後白河 ⑤二条	早奏覧可二仰下一 (特に無し) 可二仰下一之由有二院宣一者早可レ下 (特に無し) (内侍宣により任じる)	藤原公能の奏上
12月15日	11	殿上番・陪膳番再編の延期	①後白河	尤可レ然、其間只不レ可レ闕様可二計沙汰一	
12月22日	12	宗海の任後七日阿闍梨申請	①忠通 ②後白河	早可レ奏、但被レ定了様聞食也 早被レ定了	申請者は藤原伊通
	13	橘信保の任蔵人所雑色申請	①忠通 ②後白河 ③忠通 ④後白河 ⑤二条 ⑥基実	早可レ奏 大殿可レ令二計給一 早申レ内可二仰下一 同申レ内可二仰下一 院宣切了者早可二仰下一 聞食畢	申請者は藤原忠雅
12月29日	14	平清盛の大宰大弐辞官申請	①後白河 ②基実 ③忠通 ④二条 ⑤後白河	早可レ申二内幷前関白一 早可レ奏 早奏 猶可レ随二院宣一 可レ被レ下爾古曽有女礼	

表8　つづき

年月日	番号	事案	発言者	発言内容	備考
応保元年（一一六一）4月1日	15	除目	①二条 ②忠通 ③基実 ④後白河 ⑤忠通 ⑥後白河 ⑦二条	此事可ㇾ申二関白一／早可ㇾ申ㇾ（院） 早可ㇾ申ㇾ院 同前（早可ㇾ申ㇾ院） （合点・報書） 如ㇾ被二仰下一任何事之有乎 此定早可二仰下一 早可二仰下一（頗多々之由内々有二天気一）	
4月3日	16	藤原定能の御禊前駈免除申請	①二条 ②後白河 ③二条	可ㇾ申ㇾ院 可ㇾ申ㇾ内 （不分明）	
4月9日	17	禊祭の閑路不使用の可非	①二条 ②忠通	可ㇾ仰ㇾ院 例有者何事之可ㇾ有哉	
	18	穢れによる神事の憚り	①二条	早可ㇾ仰二他人一	
8月6日	19	興福寺の大原野検校設置申請△			
8月8日	20	多武峯損色△			
	21	兼子の阿波国高越寺への濫妨停止の申請	①忠通 ②二条 ③忠通 ④二条	早可二奏聞一 前関白可ㇾ被二計申一 可ㇾ被ㇾ問二論人一歟 早可ㇾ問二論人一	兼子は前阿波守説方の妻・高越寺は尊勝寺末寺

注1：年月日は『山槐記』の初見記事。発言内容がまったく伝わっていない事例は省略している。
2：△は摂関家関連の事由のため、通常の奏事処理と異なる要素を含むので、今回考察の対象からは省いている。

の復権は、何によってもたらされたのだろうか。

表8・9は、二条親政開始以前（表8）・開始以後（表9）のそれぞれの時期について、奏事による政務処理の内容を、当時蔵人頭であった藤原忠親の『山槐記』から抽出したものである。これによって実際の政治決定過程を分析すると、とくに人事に関して、後白河院・二条天皇がほとんど意思表示をしていないことに気付く。たとえば、平清盛が大宰大弐の辞意を示した際、後白河院は「早可㆑申㆓内幷前関白㆒」と指示したが、これに対し忠通は「早奏」、二条天皇は「猶可㆑随㆓院宣㆒」と称するのみで、最終的には後白河院が「可㆑被㆑下爾古曽有女礼」と決定した（表8事例14）。このように、後白河院は最終的な決裁権を持っていたにもかかわらず、しばしば自分の意見を表明せず二条天皇・忠通への伝達のみを命じており（表8事例4・13）、意思表示がなかったために決定が行われないことすらあった（表8事例4）。そして、二条天皇は、ほとんどの場合、後白河院の通達をそのまま受け入れている（表8事例5・13）。これに対し、大殿忠通も、意思表示せず決定を他者に委ねることもあったが、意見を述べた際には、後白河院・二条天皇ともそれを受け入れている（表8事例5・13）。そして、関白基実が政策決定に関わる機会はほとんどなかった。

この状況は、事実上の政策運営者であった信西が平治の乱で死亡し、政策決定者が不在となったために生じたと考えられる。単独での政治運営能力を持たなかった後白河院・二条天皇は、忠通に政治的判断を求め、その結果、忠通の政治的重要度が増したのである。

二条親政下でも、多くの場合、二条天皇は大殿忠通の意見に沿って政治決定を行っている（表9事例1・3・4・5・7・9・16・17・18・23）。自身がまだ若く、補佐役たるべき藤原経宗・惟方が流罪にされていた二条天皇にとって、政務運営のためには、摂関家の支持が不可欠であった。育子の入内は、摂関家取り込みの方策だったのである。

表9　奏事一覧表（二条親政期）

年月日	番号	事案	発言者	発言内容	備考
応保元年（一一六一）9月17日	1	河内国大江御厨の七ヵ条訴訟	①二条 ②忠通 ③二条	此旨可レ申二前関白一 法通寺事々切了、被レ成レ牒何事之有哉、自余新儀者不レ被レ尋二子細一者為レ後若有レ訴歟、於下有二旧跡一事上者被二仰下一何事之有哉 最然事等也、於下作人不レ持二進供御一之事上、最不当也、早可レ随二所勘一之由可二仰下一、於二新儀一者不レ可レ然	取次者は内蔵頭平重盛
9月30日	2	五節の沙汰	①二条 ②忠通 ③二条 ④二条	可レ被二計申一之由可レ申二前関白一 五節沙汰頗遅罷成歟、可レ献之人々可レ在二勅定一 聞食了 猶不下令二計得一御上、仰二合清盛卿一可レ被レ仰可レ定也	
11月10日	3	藤原兼雅の還昇申請	①忠通 ②二条	尤可レ然、早可レ奏 早可レ仰	申請者は藤原忠雅
	4	大歌別当人事	①忠通 ②二条 ③忠通 ④二条	早可レ奏 誰人可レ補哉之由可レ申二大殿一 大納言忠第一也可レ為二別当一 早其定可二仰下一	
11月13日	5	伯耆国の五節童御覧に奉仕する殿上人の人選	①二条 ②忠通 ③二条	可レ申二前関白一 先々如レ此申之時、其日参入殿上人々中随レ仰付二童女一先例也 聞食了、其時可レ有二沙汰一	
11月16日	6	五節童御覧に参入する公卿の人選	①二条 ②忠通 ③二条	前々人数何人許参事哉之由、可レ申二前関白一 三四人参候歟、多時不レ過二四五人一候 （無二左右仰一）	
11月18日	7	五節御覧の有無	①二条	童御覧日相二当美福門院周忌正日一、御覧有無如何之由、可レ触二前関白一	

			②忠通	兼日尤沙汰可レ候加里計留事爾古曽候奈礼、姫宮被レ准二母儀一、以二其方一思食者、尤其沙汰可レ候、且可レ被レ准例ヤ候と被レ尋天可レ被二計行一候歟	
			③二条	早々問レ例	
			④二条	以二此旨一可レ触二前関白一	
			⑤忠通	以二此例一可レ被レ問二人々一	
12月1日	8	内侍所御神楽の有無	①二条	可レ触二合前関(白)一	
			②忠通	打思為同神□憚歟、但有レ例哉之由可レ尋歟	
12月3日	9	御神楽召人の人選	①二条	可レ召二誰人一哉之由、可レ(問)二前関白一	
			②忠通	定能公房泰通之間可レ被レ召歟	
			③二条	可レ催二件輩一	
12月5日	10	◦入内御衾覆の人選	①忠通	入内御衾覆人者被レ撰二無レ憚之人一事也、相計可レ被レ仰歟之由可二奏聞一	
			②二条	可レ申二前関白一也	
			③忠通	廻二思慮一、凡可レ然人不レ候、猶忠親内々相尋可レ申之由可レ奏	
			④二条	早可レ尋	
			⑤忠通	早可レ奏、可レ随二勅定一	
			⑥二条	右大将ニテモ有南	
			⑦忠通	佐爾古曽候奈礼	
	11	入内の御所◦	①忠通	入内御所事被レ仰二付頭弁一、而□天気不快不レ参二御前一云々、此事為二吉事一頗不快、此□汰也	
12月13日	12	入内勅使の人選◦	①忠通	入内日可レ為二左中将兼雅朝臣一、始渡御日可レ為レ予	
			②二条	(欠)	
	13	入内に扈従する公卿・殿上人の動員◦	①忠通	扈従公卿殿上人可二催給一之由等可二奏聞一	
			②二条	早可レ催	

表9　つづき

年月日	番号	事案	発言者	発言内容	備考
応保元年（一一六一）12月13日	14	藤原忠雅、検非違使資能の粟津御厨供御人陵礫を訴える	①忠通 ②二条	早可レ奏 早可レ遣二仰別当之許一	
	15	資良闘乱	①忠通	早可レ奏	
12月15日	16	禅智の任法勝寺執行申請	①忠通 ②二条 ③忠通 ④二条	人申事也、早可レ奏 前関白可レ被二計申一之由可レ触 被レ補何事之有哉、何者、可レ補と申事不レ候、且御寺修理殊可レ致二忠節一之由申請之故也、且又可レ在二勅定一 又無二望申人一歟	
	17	内蔵寮の諸国未済訴訟	①二条 ②忠通 ③二条	同前（前関白可レ被二計申一之由可レ触） 可レ遣二御教書一 依二前関白由一	
	18	犬頭糸の不足	①二条 ②忠通 ③二条	同前（前関白可レ被二計申一之由可レ触） 早可レ被レ仰一レ付五位蔵人一也 仰二長方一	
12月23日	19	入内御共の上達部の人選◎	①二条 ②忠通 ③二条	可二何様一候／此事被レ仰一レ合前関白一如何、又不レ然トモ有奈牟哉／早可レ触 任二永久例一五人何事之候哉、五節童御覧之時被レ召人々中可レ奉二勅定一 早如二彼命一可レ召	
	20	入内の勧杯料◎	①二条	早可レ催	
	21	出納の人事	①二条 ②忠通	件輩子細不二知食一事也、忠親計多良牟能かり南牟由、恩食也 猶能相尋、撰下堪二其器一之者上、可レ被レ補二出納一者、其数少	

			③二条 ④忠通 ⑤二条	其役多職也、而于レ今猶有二其闕一及二数月一、早可レ被レ補也 同前(可下計申二之由可レ触二前関白一) 雖レ如レ此承二委不一知給一事也、猶職事者知二子細一給歟、被二相尋一可レ在二勅定一 以二資弘名簿一可二仰下一	
	22	片野御鷹飼下毛野武安・友武、免田作人・楠葉牧住人を訴える△			
12月24日	23	顕豪の任東寺小灌頂申請	①忠通 ②二条 ③忠通 ④二条 ⑤忠通	早可レ奏 可下計申二之由可レ触二前関白一 如レ承者、有二裁許一何事之有哉、年毛奈止老多留者爾候奈利、御修法爾奈止被レ召毛齢闌者宜候事也、但此上乃子細ハ委不二知給一、可レ在二勅定一 早可二仰下一 任レ仰可二仰下一	申請者は寛遍
	24	浄妙寺、末寺仙遊寺領薗原庄への主税允忠弘の押妨を訴える△			
	25	造酒司、大田保への奈佐原庄の妨げを訴える	①忠通 ②二条 ③忠通	早可レ奏 可レ問二彼庄一 任レ仰可二仰下一	
12月27日	26	藤原知政の成功申請	①二条 ②忠通	可下令二計申一給上 任レ仰可二仰下一	

注1：年月日は『山槐記』の初見記事。発言内容がまったく伝わっていない事例は省略している。
2：△は摂関家関連の事由のため、通常の奏事処理と異なる要素を含むので、今回考察の対象からは省いている。
3：◎は育子入内関連の奏事。

育子については、もう一点、実家である閑院流徳大寺家との関係が注目される。後白河院外戚として院政派の中核であった徳大寺家は、育子入内により親政派に転じ、永万元年（一一六五）には、徳大寺家家司伊岐致遠の女子所生の六条天皇が、育子の養子として即位している[44]。育子入内直前の応保元年八月、徳大寺家では当主公能が死去しており、二条天皇はその動揺に付け込み、徳大寺家を自派に取り込んだといえる。

徳大寺家取り込みの利点は、後白河院の政治基盤切り崩しにとどまらない。後白河院と二条天皇の対立は、鳥羽院政期の待賢門院派と美福門院派の対立の延長上に位置するが、待賢門院派の中心である閑院流を取り込むことで、二条天皇はこの対立状況をも克服できるのである。

徳大寺家取り込みという点では、育子入内の前段階として、永暦元年（一一六〇）正月の、太皇太后多子の再入内が注目される。多子は、かつて藤原頼長養女として近衛天皇に入内していたが、近衛の死去および保元の乱での頼長の没落により、父公能に養われていた。公能は皇嗣を産む可能性があることを理由に多子を説得したとされており、徳大寺家にとって再入内は困惑する事態だったが、二条天皇との婚姻関係自体は、歓迎されるものであった[45]。

また、このとき、二条天皇が後白河院の反対を「天子に父母なし」として押し切ったとする『平家物語』[46]の実否は不明だが、結果的に、二条天皇が自己の意思を押し通したことは確かである。院政期には、後宮の構成についての主導権、すなわち王権の継承者を産むべき存在の決定権を、家長である院が握っていたが[47]、育子入内の主導権は、完全に二条天皇の側にあり、後白河院はまったく関与していない。これは、後白河院の保持する後宮構成の決定権を二条天皇が切り崩したことを意味し、この点でも、多子の再入内は、育子入内の前提となった出来事と評価できる。

2　姝子内親王（高松院）・暲子内親王（八条院）の院号宣下

次に、姝子内親王（高松院）・暲子内親王（八条院）の院号宣下について分析する。育子入内と直接関係するのは、姝子の院号宣下である。育子が入内の翌応保二年（一一六二）三月に立后された[48]際の后妃は、中宮姝子内親王、皇后藤原忻子、皇太后藤原呈子、太皇太后藤原多子であり、空席はなかった。このような場合、通常は先帝・先々帝の后妃である忻子・呈子・多子のいずれかに院号宣下を行った上で、育子を皇后とする、もしくは、中宮姝子を皇后とし、育子を中宮とする、のいずれかの処置が取られる。

ところが、二条天皇は中宮姝子に院号宣下し、育子を中宮とした。これは、在位中の天皇の后妃が院号宣下を受けた初例である。一般に、院号宣下は政治的権威の上昇と考えられているが、姝子の事例は例外であり、永暦元年（一一六〇）春以降、二条天皇との同居が途絶えていた姝子にとって[49]、院号宣下は、二条天皇の後宮からの締め出しを意味していた。

先述の通り、二条天皇にとって、姝子は、鳥羽院の後継者としての正統性を示す存在である一方、後白河院が二条天皇の後宮を支配することを可能とし、ひいては「後白河院の親権による二条天皇の保護」という体制を象徴する存在でもあった。そのため、二条天皇は、姝子を后妃から外し、後白河院の親権の排除を図ったのである。

次に、応保元年（一一六一）一二月の暲子の院号宣下[50]については、先述の栗山の論考がある[51]。それによると、暲子への院号宣下は、美福門院死後の二条天皇側の陣営強化策であり、二条天皇が鳥羽院の正統な後継者であることを示すための処置であった。この点について異論はないが、問題は、院号宣下と育子入内・後白河院排除との関係である。

栗山の指摘する通り、二条天皇と暲子との准母関係は、院号宣下以前に美福門院の遺志により設定されていた。

准母関係は、二条天皇が暲子を准母として拝した保元三年（一一五八）の朝覲行幸に遡るものであり、おそらく、美福門院が後白河天皇の養母となるに際し、代わりに暲子が二条天皇の准母とされたと考えられる。以上のような、准母関係設定と院号宣下との時間的隔たりは、この二つが直接関わらない別の政治的理由によるものであったことを示しており、暲子との准母関係が二条天皇の政権掌握に直接の影響を及ぼしたとは考えられない。

また、暲子はすでに保元二年（一一五七）五月に出家しており[52]、その後、院号宣下以前の政治的活動は、母美福門院の代わりに二条天皇の准母とされた、保元三年の朝覲行幸のみである。このことは、院号宣下以前の暲子が重要な政治的立場になかったことを示している。

暲子が院号宣下されたのは、姝子に代わって、二条天皇の鳥羽院後継者としての正統性を象徴する役割を果たすためであった。二条天皇にとって、育子入内・立后と姝子の後宮からの排除が主目的であり、暲子の院号宣下は、あくまで従であったと評価できるだろう。

以上のように、藤原育子の入内、姝子の院号宣下、暲子の院号宣下という三つの政策は、二条親政を実現するために、一体のものとして行われたものであった。最後に、憲仁誕生という二条天皇にとって不利な出来事が、二条親政開始の契機となった理由について考察しておく。

憲仁が二条天皇に代わって即位した場合、憲仁の外戚が新たに勢力を獲得することが予想される。憲仁の外叔父には平時忠があり、時忠が妹時子の夫である平清盛と密接な関係を持っていたことも周知の事実である。この時点で、いまだ右少弁に過ぎない時忠が即政権を牛耳ることができたとは考えにくいとはいえ、信西死後の空白により政治的影響力を回復した摂関家の忠通・基実にとって、新たな外戚勢力の出現は、避けるべき事態である。後白河院の外戚である徳大寺家にとっても、憲仁の即位は、外戚の平時忠らが強力な競争者となることを意味する。その上、後白河天皇の中宮であった忻子は、後白河院の退位後は同居も絶え、まったく顧みられなかった[53]。これは、美福門院所生の近衛天皇が即位し、徳大寺家をはじめとする待賢門院・崇徳院派が冷遇された、鳥羽院政期の事情と共通するものであった。

逆に、育子が入内し、二条天皇の皇子を出産すれば、摂関家と徳大寺家は、外戚として大きな力を保持できる。育子入内は、こうした摂関家・徳大寺家の不安と期待とを的確に捉え、二条天皇との提携を実現した。このことが、二条親政確立の契機となったのである。

ただし、まだ十分な政治能力を備えていなかった上に、親政開始直前には疱瘡のため病床にあった二条天皇を、育子入内の発案者と考えることは難しい。むしろ、立案者にふさわしいのは、育子の養父である大殿忠通であろう。入内の実際についても、摂関家は細部にいたるまで二条天皇と打ち合わせを行い（表9事例10〜13・19・20）、辣腕で知られる家司の藤原邦綱が中核となって、それを実行に移していた。

すでに指摘されているように、忠通は元来美福門院派であり、すでに仁平年間から、二条天皇擁立の首謀者として噂されていた[54]。また、先述の通り、近衛天皇死後の皇位継承が決定された王者議定に、忠通は中心人物の一人として関わっており、中継ぎであったはずの後白河院がその決定から外れることは、忠通としても許容しえなかったのである。

そもそも、後白河院は、本来であれば家長権を行使して二条天皇を退位させることが可能であったはずであり、二条親政の成立は、家長の立場の弱さにより、家長権が十分に発揮されなかった事例として、また、婚姻関係を通じて、王家外部の存在が家長権の行使に介入した事例として評価できる。さらに、二条親政成立の背景として、鳥羽院の皇位継承構想に基づく二条天皇への正統意識が、貴族層に共有されていた可能性も想定できるであろう。

おわりに

二条親政の確立過程は宮廷闘争のレベルにとどまっており、現実の政務運営とは必ずしも関わらない。しかし、親政を目指す二条天皇にとって、こうした宮廷闘争の過程は経ざるをえないものであった。その先に二条天皇が行おうとした政策は、どのようなものだったのか。

すでに指摘されている通り、二条親政確立後に、太政官では裁判機能再建策が行われている[55]。また、宮廷内では、御前に参上できる蔵人が源雅頼・藤原行隆等に限られていたのを、すべての蔵人が参上できるよう旧儀が復興されている[56]。このように、断片的にうかがわれる二条親政の政策基調は、太政官中心の旧儀復興路線であった。これは信西の主導した政策[57]を継承するものと評価できるが、天皇親政を前提とする限り、必然的な方向性であった。

院政という政治形態が必要とされていた社会状況の中で、二条天皇の政策方針は将来何らかの矛盾をきたした可能性が高いが、矛盾が表面化する以前の永万元年（一一六五）、二条天皇は二三歳の若さで死去する。二条天皇は死去の直前に六条天皇に譲位し、六条天皇を摂政藤原基実・左大臣藤原経宗・権大納言藤原実定・権中納言平清盛らが支える政治体制がしばらく維持されるが、翌仁安元年（一一六六）に摂政基実が死去すると、二条天皇の意図した体制は完全に崩壊し、後白河院政が確立する[58]。

二条天皇は現実の業績をほとんど残すことなく死去したが、その死去がのちの政治史上に与えた影響は大きい。二条天皇の構想した王家の構成の改変により、旧美福門院・待賢門院両派の勢力は二条天皇の下に組織され、白河院政末期に端を発した王家の分裂状況は、ほぼ克服されていた。王家の家長により恣意的に皇位継承が決定される状況が変化しない限り、いずれ王家の分裂が再び招来されることは間違いない。しかし、二条天皇が長命であれば、その後の内乱期の政治過程は、大きく変わっていただろう。

そして、治承・寿永内乱のきっかけとなった以仁王挙兵の際に、以仁王の養母として八条院が大きな役割を果たしたことが指摘されているが[59]、重要なのは、本章で見てきたように、皇位継承者の正統性を象徴するという八条院の属性は、二条天皇によって与えられたものであったという点である。本来、鳥羽院が二条天皇の正統性を象徴する存在として構想していたのは姝子内親王であり、院号宣下以前の暲子内親王は、鳥羽院・美福門院領を相続する大規模な荘園領主であっても、政治的に重要な位置を占めていたわけではない。二条天皇による院号宣下なくして、以仁王が、八条院との猶子関係を、皇位継承権を主張する拠り所とすることはできなかったはずである。

さらに、すでに指摘されているように、以仁王は仁安元年に太皇太后藤原多子邸で元服しているが[60]、その背景には、憲仁（高倉天皇）への対抗馬として以仁王を皇位継承候補者として確保しようとする、六条天皇支持勢力の意図があったと考えられる。いわば、二条天皇の構想がその後の政治史の動向に現実に与えた最大の影響が、以仁王の挙兵であったといえるだろう。

注

（1）美川圭「問題の所在――院政の研究史」（『院政の研究』臨川書店、一九九六年、初出一九九三年）、棚橋光男『後白河法皇』（講談社、二〇〇六年、初出一九九五年）。

（2）元木泰雄「院政期政治構造の展開――保元・平治の乱」・「後白河院と平氏」（『院政期政治史研究』思文閣出版、一九九六年、初出は順に一九八六年、一九九二年。以下、元木前掲論文A・元木前掲論文Bと略）。

（3）龍粛「後白河院の治世についての論争」（『平安時代』春秋社、一九六二年）、五味文彦「以仁王の乱――二つの皇統」（『平家物語　史と説話』平凡社、二〇一一年、初出一九八七年）、注（2）元木前掲論文A、下郡剛「院政下の天皇権力」（『後白河院政の研究』吉川弘文館、一九九九年）、栗山圭子「准母立后制にみる中世前期の王家」（『中世王家の成立と院政』吉川弘文館、二〇一二年、初出二〇〇一年）、河内祥輔『保元の乱・平治の乱』（吉川弘文館、二〇〇二年）など。

（4）伴瀬明美「院政期における後宮の変化とその意義」（『日本史研究』四〇二、一九九六年）。

（5）注（3）栗山前掲論文。

（6）橋本義彦「保元の乱前史小考」（『平安貴族社会の研究』吉川弘文館、一九七六年、初出一九六二年）、同『藤原頼長』（吉川弘文館、一九六四年）。

（7）『山槐記』久寿二年一〇月二〇日条、『兵範記』同日条。

（8）『尊卑分脈』。以下、血縁関係が『尊卑分脈』による場合は、典拠を省略する。

（9）注（6）橋本前掲書、元木泰雄『藤原忠実』（吉川弘文館、二〇〇〇年）、拙稿「徳大寺家の荘園集積」（『史林』八六―一、二〇〇三年）。

（10）『公卿補任』各人項。以下、官歴が『公卿補任』による場合は典拠を省略する。

（11）『兵範記』保元元年九月八日条、建久四年八月五日付官宣旨（『鎌倉遺文』六八〇号）。詳細は注（9）拙稿。

（12）『兵範記』保元元年一〇月二七日条。注（2）元木前掲論文B。

（13）院政期には原則として、正式に入内するのは立后を予定された女性に限定されていた（注（4）伴瀬前掲論文）。

（14）『兵範記』保元元年七月一一日条。

（15）『兵範記』保元元年三月五日条。なお、姝子の事績については角田文衛「高松女院」（『王朝の明暗』東京堂出版、一九七七年、初出一九七三年）に詳しいが、姝子の政治的位置付け等については触れられていない。

（16）『山槐記』平治元年二月二一日条。

（17）『成頼卿記』応保二年二月五日条。

(18) 注(3)栗山前掲論文、注(3)河内前掲書。
(19) 『百錬抄』平治元年一二月二五日条。
(20) 『兵範記』保元元年三月五日条。
(21) 『兵範記』保元二年六月七日条。
(22) 『兵範記』保元三年一〇月一七日―二〇日条。詳細は拙稿「保元三年宇治御幸の史的意義」(本章補論、初出二〇〇四年) 参照。
(23) 『山槐記』平治元年二月三日条、同三月七日条。
(24) 『山槐記』永暦元年八月一九日条。
(25) 注(3)栗山前掲論文。
(26) 『今鏡』第三、『兵範記』保元三年正月一〇日条。
(27) 『山槐記』平治元年正月七日条。
(28) 『為房卿記』延久五年正月八日条、『台記』康治元年二月一一日条。
(29) 白根靖大「中世前期の治天について」(『中世の王朝社会と院政』吉川弘文館、二〇〇〇年、初出一九九四年)。
(30) 『兵範記』保元三年二月三日条。
(31) 『兵範記』保元二年一〇月八日条。
(32) 山田彩起子「天皇准母内親王に関する一考察」(『中世前期女性院宮の研究』思文閣出版、二〇一〇年、初出二〇〇三年)。
(33) 媞子内親王(堀河准母)は准母立后以前にたびたび入内していることが、山田彩起子により指摘されている(注(32)山田前掲論文)。令子内親王(鳥羽准母)は嘉承二年一一月二九日に立后されるが(『中右記』同日条)、入内は同年一〇月二六日である(『中右記』同日条。なお、この年は閏一〇月が存在し、立后は入内の二ヵ月後)。
(34) 『兵範記』保元三年八月四日条。五味文彦「信西政権の構造」(注(3)五味前掲書所収、初出一九八七年)。

(35)『兵範記』保元二年一〇月一一日条。
(36)注(3)龍前掲論文。
(37)『百錬抄』応保元年九月一五日条、『愚管抄』巻第五。
(38)『山槐記』応保元年九月九日条。
(39)『百錬抄』永暦元年三月一一日条、『愚管抄』巻第五。
(40)『山槐記』永暦元年一一月二三日条。
(41)『尊卑分脈』、『山槐記』応保元年一二月一七日条（育子は「香子」と表記されている）。なお、育子を藤原忠通の実子とする説については(補注2)を参照。
(42)『兵範記』保元三年四月二〇日・二一日条。注(2)元木前掲論文B。
(43)注(3)龍前掲論文は、四者の役割分担を後白河・忠通＝裁定権／二条・基実＝宣下の大権と区分しているが、美川圭の指摘の通り、こうした明確な区分が存在していたとは考えられない（「院政をめぐる公卿議定制の展開——在宅諮問・議奏公卿・院評定制」注(1)美川前掲書所収、初出一九九一年）。このほか、当該期の政権運営形態は、井原今朝男「中世の天皇・摂関・院」(『日本中世の国政と家政』校倉書房、一九九五年、初出一九九一年)、川合康「後白河院と朝廷」(『鎌倉幕府成立史の研究』校倉書房、二〇〇四年、初出一九九三年)、注(3)下郡前掲論文等で、院・天皇・摂関による合議制の例として注目されている。
(44)『顕広王記』永万元年六月二五日条。詳細は注(9)拙稿。
(45)『平家物語』覚一本　巻一　二代后。なお河内祥輔は、多子入内は姝子を正統の皇位継承者の証として二条に配した鳥羽院の遺志に反したため、美福門院や貴族の離反と、姝子を擁護した後白河の復権につながったとしている（注(3)河内前掲書）。しかし、美福門院が反対していれば、多子の再入内は実現しなかったはずであり、実際には美福門院もこれを容認していたと考えられる。
(46)『平家物語』覚一本　巻一　二代后。

(47) 注(4)伴瀬前掲論文。
(48) 『山槐記』応保二年三月一九日条。
(49) 『山槐記』永暦元年八月一九日条。
(50) 『山槐記』応保元年一二月一六日条。
(51) 注(3)栗山前掲論文。
(52) 『女院小伝』。
(53) 『山槐記』応保元年四月一三日条。
(54) 『台記』仁平三年九月二三日条。注(6)橋本前掲書。
(55) 美川圭「院政における政治構造」(注(1)美川前掲書所収、初出一九八八年)。
(56) 『山槐記』応保元年一一月一八日条。注(3)龍前掲論文。
(57) 信西の政策については、注(34)五味前掲論文。
(58) 五味文彦『平清盛』(吉川弘文館、一九九九年)、注(9)拙稿。
(59) 注(3)五味前掲論文。
(60) 上横手雅敬『平家物語の虚構と真実』(塙書房、一九八五年、初出一九七三年)、注(3)五味前掲論文。
(補注1) 本章で述べた、藤原忻子の入内、および、統子内親王の立后の政治的意義と、そこから導き出される、保元の乱前後の後白河天皇の位置付けについては、初出論文の刊行後、注(3)栗山論文の再刊時の付記において、詳細な批判が行われている。その要点は、以下の三点である。
①鳥羽院にとって、後白河天皇の存在意義は守仁親王の父たることにあったのであり、その政治的位置を高める必要性は乏しい。
②摂関・院政期を通じて、天皇の正妃として最高の権威を有するのは摂関家出身の后妃であり、非摂関家出身の忻子を正妃として迎えた後白河天皇の評価は低いものであった。

③守仁親王と姝子内親王との婚姻について、姝子の養母である統子を介して、後白河天皇に守仁の後宮を掌握させる意図があったのであれば、後白河天皇が姝子を直接養女とすればよいのであり、方法として迂遠である。

一点目の、鳥羽院にとって後白河天皇の政治的位置を高める必要性については、すでに本章および第二部第一章で述べた通り、短期的には、皇位継承から排除された崇徳院への対抗である。保元の乱において、すでに三〇歳と壮年に達している後白河天皇に代えて、いまだ一四歳の守仁が擁立されている状況を想定すれば、その差は明らかであろう。また、荘園の伝領の面でも、守仁が美福門院の養子として皇位に着いた場合、崇徳院が管理する待賢門院流の所領に関与することができなくなってしまう。美福門院流と待賢門院流の分裂を解消するためにも、待賢門院所生の後白河天皇は重要な存在であった。

さらに、鳥羽院の死後に政治的実権を握る信西にとって、後白河天皇とは乳父として密接な関係を有するのに対し、守仁には長男俊憲が東宮学士の任に着いているとはいえ、後白河天皇との関係に比して、はるかに希薄である。信西が政治的手腕を十分に発揮するためには、後白河天皇の存在は不可欠であった。

二点目の忻子の入内をめぐる問題について、その目的が崇徳院の外戚である徳大寺家の取り込みであったことも、すでに本章で述べた通りである。これに対し、すでに分裂状態にある摂関家の、一方の当主である藤原忠通は、藤原頼長との対立上、否応なく後白河天皇派に密着せざるをえない。こうした政治状況の中で、崇徳院派の切り崩しという喫緊の課題が優先された結果、忻子の入内が行われたのであり、長期的な権威の問題とは切り離して考えるべきであろう。

三点目については、第二部第一章で述べたように、統子と姝子の養女関係には、統子の伝領した待賢門院領を、姝子に伝領させる目的があった。鳥羽院には、姝子を後白河天皇の養女とするのではなく、あえて統子の養女とする必然性があったのである。

以上の理由から、藤原忻子の入内、統子内親王の立后の政治的意義、保元の乱前後の後白河天皇の位置付けについての拙論の評価は、本書に採録するにあたっても、変更を行っていない。

（補注2）藤原育子の出自について、『尊卑分脈』は実父を藤原実能としているが、実父は藤原実能ではなく藤原忠通であるとの説が、海野泰男によって唱えられており（『今鏡　全釈　上』福武書店、一九八二年）、近年では注(32)山田前掲書、注(3)栗山前掲書などが、この見解を支持している。

海野説の論拠は、以下の通りである。

①育子の入内について記した『山槐記』応保元年一二月一七日条には、「今夜三位殿大殿第二御女、母儀前上野守顕俊女、号督殿、大殿女房也、入内事為関白御猶子之儀有御沙汰、御名香子、御歳十六可有入内事」とあり、育子は大殿忠通の女で、入内にあたって関白基実が猶子としたことを伝えている。

②順仁（六条天皇）の立太子定について記した『百錬抄』永万元年六月一七日条「於関白第定立太子事。今上第二皇子。去年誕生。母故左大臣実能公女。実大蔵大輔藤原義盛女。継母中宮育子。養為子」の内容から、実能女とは、実は藤原義盛の女で、これが生母、中宮育子は継母（養母）ということになる。ただし、『百錬抄』は、六条天皇の即位前抄記では「母中宮育子。左大臣実能女也」として、育子が実能女であるかのような書き方をしているが、これは、正しくは「実者左大臣実能女也」とでもあるべきところである。『尊卑分脈』の誤りも、あるいは『百錬抄』のこの部分によって引き起こされたものであるかもしれない。なお『帝王編年記』は二条院皇子のところでは育子を「左大臣実能公女」とし、同後宮のところでは「法性寺殿女」とする。また『一代要記』は育子の出自について三ヵ所でふれているが、いずれも忠通女としている。『愚管抄』巻第五には「カクテスグル程ニ法性寺殿オトムスメ入内立后アリテ」とある。

③『今鏡』は終始、育子を忠通女とし、猶子とはしていないし、実能の子女のところでも育子を取り上げていない。

以上の三点のうち、まず気付くのは、『帝王編年記』の記述を、特段の理由を述べることなく退けていることである。育子の実父が実能であるとの記述は『尊卑分脈』『百錬抄』『帝王編年記』の三つの史料に見えているわけであり、この点をやはり軽視するわけにはいかないであろう。

実は、育子の出自については、『愚管抄』の別の箇所に、注目すべきもう一つの記述が存在する。『愚管抄』巻第二は、六条天皇について、「二条院御子也。母不分明。異ニ云、中宮育子。右大臣藤公能女云々。妻后中宮ノ御子ノ由ニテ御受禅アリケリ。密事ニハ大蔵大輔伊岐宗遠女子云々」と述べているのである。ここで育子の父とされている公能は、本文中でも述べたように、実能の子である。

いうまでもなく、『愚管抄』の作者である慈円は、忠通の子であり、仮に育子の実父が忠通であるとすれば育子の異母弟ということになる。その慈円がわざわざ記している以上、育子の実父が誰であるかについて、当時から異説があったことは間違いない。そして、重要な点は、実父として名前が挙げられているのが、実能であれ公能であれ、徳大寺家の人物だということである。

そもそも、育子については、応保元年に二条天皇への入内が決まるまで、史料上にその存在が一切見えないため、出生の事情については推測するよりないが、以上のような史料の状況から想定される状況は、育子の母である源顕俊女が、忠通と関係を持った一方で、実能ないし公能とも深い関係にあった、というものであろう。そして、育子の血統上の父が誰であれ、公的には、育子は忠通の子として育てられたものと考えられる。

いずれにしても、徳大寺家が育子の出生にまったく無関係であったと考えるのは、困難であろう。徳大寺家の家人である伊岐致遠（宗遠）の女子と二条天皇との接点を考える上でも、育子の入内に徳大寺家との関わりが作用していたという本章での想定は、妥当なものであると考える。

補論　保元三年宇治御幸の史的意義

はじめに

院の御幸の目的は、①家移り・方違え、②宗教的な動機、③遊興、の三つに大別できる。宇治御幸は、①の方違え目的でもしばしば行われる。また、平等院での仏事をともなう場合や、南都御幸・高野御幸の途上で宇治を経由する場合は、②の要素を持っている。さらに、宇治は歌枕でもあり、網代御覧などが行われる場合は、③の要素を持つことになる。このほか、舟遊びや遊女を呼んでの遊びが行われる場合も、同様に③の要素を持つといえる。

しかし、とくに、宇治が摂関家の都市として整備される藤原忠実期以降[1]、宇治御幸の最大の特質は、院と摂関家との接点としての役割にあり、この点で一般の御幸とは大きく異なる。平等院も、摂関家の氏寺としての性格が強く、他の寺社への参詣とは、意味合いを異にする。この点では、後白河院の福原での千僧供養や厳島参詣、高倉院の厳島参詣など、院と平家との接点と比較可能な素材といえよう。

ここでは、宇治御幸を政治史研究の素材とするための一試案として、とくに、保元三年（一一五八）の後白河院による宇治御幸を取り上げる。宇治御幸は、院政期にたびたび行われたとはいえ、その詳細が記録されている事例はそう多くない。その中で、保元三年の宇治御幸は、内容が最も詳しく記録されているものの一つである。また、時期的にも、保元三年は、保元の乱と平治の乱という二つの大事件の間の時期であり、かつ、文献史料の残存状況があまりよくなく、政治過程の復元が難しい時期といえる。そこに新たな分析素材を加えることで、当該期の政治状況をどのように捉えることが可能かを試みる。

第一節　宇治御幸と摂関家

保元三年（一一五八）の後白河院宇治御幸は、同年一〇月一七日から二〇日にかけて行われた。その準備段階も含めた具体的な経過は、表10の通りである。

ここで、まず、日程的に注目される点を指摘しておく。第一に、後白河院にとって、この宇治御幸は、譲位後初めての本格的な御幸であった。この年八月一一日に二条天皇に譲位した後白河院は、譲位後は弘徽殿にあったが、八月一七日に高松殿に移り、さらに、二五日に皇后統子内親王を三条烏丸殿に訪問したのち、その日のうちに鳥羽殿に移った。そして、一〇月一四日に白河押小路殿の美福門院のもとを訪れたのち、その日のうちにまた鳥羽殿に還御している(2)。このように、宇治御幸までの後白河院の御幸は、弘徽殿→高松殿→鳥羽殿という王家の殿舎・邸宅への家移りと、准母である皇后統子内親王・美福門院への訪問という、王家内部の範囲に限定されていた。後白河院は、外部への初の御幸の先に、宇治を選択したのである。

第二に、後白河院の宇治御幸と時期を同じくして、二条天皇の東三条殿行幸が行われている点が注目される。この行幸は、当初、方違え行幸として九月二三日に行われることが、九月一四日に蔵人頭右中弁藤原俊憲によって摂関家に通知されていた(3)。ところが、当日になって行幸は取りやめとなり、①翌月の中旬に行幸が行われること、②

表10　保元3年宇治御幸の経過

月/日	内　容
9/26	大殿藤原忠通，御幸の沙汰のため宇治に下向(～9/29).
10/5	後白河から忠通に，宇治御幸を同月中旬に行う旨の院宣が内々に下される.
10/11	御幸の沙汰のため，忠通宇治に下向(以後，御幸まで宇治に滞在．関白基実の宇治到着は御幸当日の10/17).
10/17	後白河，平等院に入り本堂にて御誦経を行う．その後，小松殿に臨幸.
10/18	後白河，平等院経蔵に入る.
10/19	後白河，宇治川にて遊女らとともに舟遊を行う.
10/20	後白河，小松殿にて勧賞ののち還御.

注：『兵範記』による.

しばらく東三条殿が皇居となることの二点があらためて摂関家に仰せ下された(4)。そして、一〇月一四日に二条天皇は東三条殿に行幸し、一一月一九日まで東三条殿が皇居とされたのである(5)。この行幸も、二条天皇にとって、践祚後初めての大内裏外への行幸であった。

第三に、この宇治御幸は、摂関家に事前の根回しがほとんどない状況で行われたことが指摘できる。保元三年と同様に初度の宇治御幸となった、長承元年（一一三二）の鳥羽院宇治御幸では、御幸が行われる一月前に、すでに正式の御幸定が行われ、大殿藤原忠実から御幸賞の申請も出されていた(6)。記事の欠落によってそれ以前の状況は復元できないが、おそらくさらに早い段階から、鳥羽院と忠実との間で、準備が進められていたはずである。これに対して、保元三年の場合は、御幸の二〇日前に大殿忠通が急遽宇治に下っており、一二日前の段階で、まだ日程が確定していないような状況である。

しかも、長承元年の場合、大殿忠実は宇治に居住していたが、保元三年に大殿忠通は京中の九条殿に住んでおり、後白河院の宇治での滞在先となった小松殿は、「破損し無きが如し(7)」というような状態であった。そこで、摂関家では、近辺の荘園に賦課して修理造営を行うとともに、御簾・御座・畳等を京から調進し、御幸の準備を急ぎ調えたのである(8)。しかも、摂関家では、並行して東三条殿行幸のための設営も行っていた(9)。摂関家にとって、出費そのものはさほどのものではなかったかもしれないが、時間的余裕のない状況で急遽準備を進めなければならなかったことや、そのための労力などの負担は、相当のものであっただろう。

以上のように、宇治御幸と東三条殿行幸とが同時に行われていることは、対摂関家という観点からすれば、院・天皇の摂関家に対する優位を誇示するものと評価できる。日程の一方的な通知などを見ても、これが王家側の政治的意図によって行われたことは明らかであろう。

そもそも、保元の乱が勃発するにいたった主因は、摂関家の複合権門化にあり、保元の乱によって、摂関家に従属する武力は解体された[10]。その後の政治過程においても、摂関家抑圧の方針は一貫しており、たとえば、信西主導による政策の一環として保元二年（一一五七）一〇月に内裏が再建された際、新造内裏落成直前の七月六日に後白河天皇はわざわざ東三条殿に行幸し、里内裏として三ヵ月間使用したのち、そこから新造内裏に入っている[11]。これも摂関家に対する示威行為の一環と捉えることができよう。また、すでに指摘されている通り、保元三年四月の賀茂祭見物の際に、摂政藤原忠通の前を院近臣である藤原信頼が横切ったため、摂関家の下部が信頼の車を壊し、怒った後白河天皇が忠通の家司である平信範・藤原邦綱を除籍するという事件が起こっている[12]。宇治御幸・東三条殿行幸は、こうした摂関家抑圧の方針の延長線上に捉えられる事件であろう。

第二節　王家の内部事情

以上、保元三年（一一五八）の宇治御幸について、王家と摂関家との関係という観点から、分析を行ってきた。しかし、宇治御幸と東三条殿行幸とがなぜ同時に行われなくてはならなかったのかという点については、王家内部の問題としても考えてみる必要があるだろう。

すでに見た通り、大殿忠通は一〇月一一日から、すなわち、東三条殿行幸が行われる前から宇治に詰め、宇治御幸の差配をしている。そして、宇治御幸当日には、関白基実も宇治に駆けつけ、後白河院を迎えている。摂関家にとって、東三条殿行幸よりも宇治御幸の方が重大事だったのであり、大殿・関白が宇治に後白河院を迎えることで、院と天皇の関係においては後白河院が優位にあることが、貴族社会に対して明示されたのである。

久寿二年（一一五五）の近衛天皇死去に際し、鳥羽院が正式の皇位継承者を二条天皇とし、後白河院を二条天皇が皇位に即くまでの中継ぎとして皇位に即けたことは、先学が明らかにした通りである(13)。しかし、すでに本章で述べた通り、鳥羽院は、崇徳院・重仁親王への対抗上、後白河院の二条天皇に対する優位を保障し、後白河院の権威を称揚せねばならなかった(14)。この宇治御幸と東三条殿行幸との日程には、そうした構造が譲位後も継続されることを示す意図があったと考えられる。

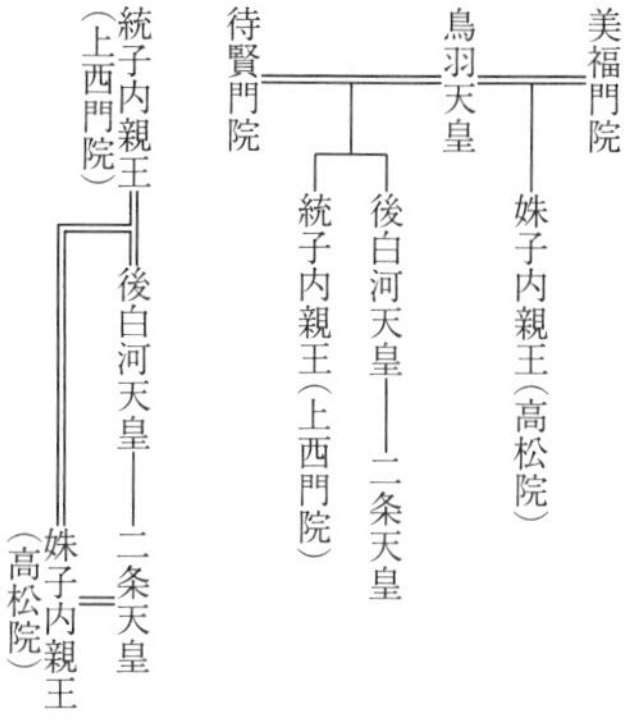

図９　実際の血縁関係（右）
図10　婚姻関係・擬制的な血縁関係（左）

この点と関連して注目されるのは、宇治御幸に後白河院に同行したのが統子内親王と姝子内親王だったことである。統子はのちの上西門院であり、後白河院の同母姉にあたるが、保元三年二月に、後白河院の准母として皇后に立てられている。また、姝子はのちの高松院であり、後白河院の異母妹にあたるが、保元元年（一一五六）四月に、統子の養女として皇太子守仁親王（二条天皇）の妃に立てられている(15)（図９・10）。

通常であれば、院の宇治御幸に同行するのは、その時点での院の

表11　宇治御幸と同行者

年　月　日	院	同　行　者	典　拠
保延元(1135)10/11	鳥羽	皇后藤原泰子(高陽院)	『中右記』
康治元(1142)2/28		高陽院	『台記』『本朝世紀』
康治元(1142)6/28		高陽院	『台記』
康治元(1142)8/21		皇后藤原得子(美福門院)	『台記』
久安元(1145)1/10		高陽院	『百錬抄』
久安元(1145)2/10		高陽院	『台記』
久安元(1145)3/26		高陽院	『台記』
久安元(1145)5/18		高陽院	『台記』
保元3(1158)10/17	後白河	皇后統子内親王(上西門院) 女御姝子内親王(高松院)	『兵範記』
仁安2(1167)4/11		女御平滋子(建春門院)	『兵範記』

妻妾である。表11に見える通り、鳥羽院政期においては、皇后時代の美福門院（藤原得子）が一度同行しているほかは、すべて高陽院（藤原泰子）が同行している。鳥羽院の同居の正妻は、在位時から退位後の長承年間までは待賢門院（藤原璋子）、保延年間以後は美福門院であった。長承三年（一一三四）に行われた鳥羽院と高陽院との婚姻は、鳥羽院と摂関家との結合を強固にするために行われた政治的なものであったが、それだけに、鳥羽院と摂関家との緊密な関係を示すために頻繁に行われた、鳥羽院の宇治御幸の際には、おもに高陽院が同行したのである。一方で、摂関家出身の配偶者を持たなかった後白河院は、仁安二年（一一六七）の宇治御幸の際には、皇太子憲仁親王（高倉天皇）の母で後白河院の女御となっていた、平滋子（建春門院）をともなっている。

以上のことを考えれば、保元三年の宇治御幸においては、後白河院の正妻である徳大寺家出身の中宮藤原忻子が同行するのが自然であり、現に、在位中の前年七月の東三条殿行幸や、一〇月に新造内裏に入った際には、忻子がともに行啓している。(16) にもかかわらず、あえて統子・姝子が同行したのは、明確な政治的意図があってのことに相違ない。

すでに本章で明らかにしたように、姝子はその後も後白河院の保護下にあり、後白河院が二条天皇に対して親権を行使するために重要な役割を果たしていた。後白河院が宇治御幸に統子・姝子をともなったことも、父院として

表12　保元３年宇治御幸の随行者

公卿	藤原伊実・○藤原実定・◎藤原信頼・◎源師仲・平範家・藤原顕長・藤原惟方
殿上人	◎源資賢・△平清盛・藤原季行・藤原家明・◎藤原成親・△平頼盛・×藤原貞憲・△平重盛・源通家・×藤原修憲・△平時忠
下北面	◎卜部基仲・平実俊

注１：『兵範記』保元３年10月17日条・19日条.
２：◎…後白河院近臣，○…後白河院外戚，△…平氏一門，×…信西の子.

二条天皇の上に立つことを明示するためのアピールの一環であったと評価できる。

こうした意図は、公卿以下の随行者の顔ぶれにも現れている。当時の後白河院の政治基盤は、外戚の徳大寺家と院近臣とによっていた。その中核となるのは、この年、徳大寺家の嫡男として弱冠二〇歳で従三位から権中納言に直任された藤原実定と、後白河院近臣の筆頭として正四位下蔵人頭から権中納言へと昇進を果たした藤原信頼であったが、実定は統子内親王の皇后宮大夫を、信頼は皇后宮権大夫を、それぞれ務めていた。宇治御幸には、実定・信頼をはじめ、公卿では源師仲、殿上人では源資賢・藤原成親、下北面では卜部基仲と、後白河院近臣の中核が顔を揃えているのである（表12）。

また、随行者に関しては、平清盛を筆頭に、頼盛・重盛・時忠と、平家一門の主要構成員が顔を揃えていることが注目される。むろん、平家は一貫して後白河院に奉仕を行っており、御幸に随行することそのものは奇異ではないが、一門を挙げてのこれだけの奉仕は、やはり注目に値する。

さらに、信西の息子も、藤原貞憲・修憲の二人が随行している。もちろん、二条天皇派の中心人物である藤原惟方のように、あくまで儀礼として参加していると思われる人物もおり、御幸への随行のみをもって後白河院との関係を過大に評価することはできない。しかし、一門から複数の参加者を出すのは、その一門にとって、この御幸が重要な意義を持っていたことの表れと評価できるだろう。

おわりに

以上、保元三年宇治御幸の持つ政治的意義を分析してきた。結論はここでは繰り返さないが、宇治御幸の盛儀を見る限り、後白河院の二条天皇に対する優位は磐石に思われる。しかし、現実には、翌年一二月に平治の乱が勃発し、こうした体制は事実上崩壊するのである。

そもそも、この宇治御幸の発案者は誰だったのであろうか。後白河院から二条天皇への譲位が信西と美福門院の協議によって決定されたこと(17)、随行者に加わっている信西の二人の息子の存在、並行する東三条殿行幸を信西の子俊憲が取り仕切っていることから考えて、やはり、その中心となったのは信西であっただろう。宇治御幸によって後白河院・統子・姝子を一体の存在としてアピールし、二条天皇や摂関家に対する優位を明示した信西の意図は、鳥羽院政期末期以来の王家の体制を当面維持し、政治上の決定権を、引き続き後白河院の下におくことにあったと考えられる。

元木泰雄の指摘するように、平治の乱の原因は、実務官人系・大国受領系の双方の院近臣の昇進ルートを信西の息子たちが占めたことに対し、信西以外の後白河院近臣や二条親政派が反発したことにあった(18)。また、平治の乱に際し、信頼をはじめとする後白河院近臣たちが、後白河院を見限り、二条天皇を担いだことも、元木の指摘の通りである(19)。それが可能になったのは、後白河院・統子・姝子体制を維持しようとした信西が排除された結果といえよう。本章ですでに述べた通り、平治の乱で信頼が処刑され、また、二条天皇派の中核であった藤原経宗・惟方が失脚した後に、二条天皇は藤原多子・育子を相次いで后妃として迎えることで姝子を後宮から除き、後白河院を政務決済から排除したが[20]、これも信西不在によって可能となったものといえよう。乱の直前、信西が後白河院に信頼の謀反を警告したにもかかわらず、後白河院はこれを無視したとされるが[21]、結果的に、後白河院は、自分の権力を維持してくれる最大の存在を、自らの判断ミスで失ったのである。

以上、宇治御幸について、一つの具体例を政治史の素材として分析した。むろん、他の事例についても、同様にそれぞれの時点で重要な政治的意義を持つものがあったと考えられ、今後の分析を通じて、新たな知見を得ることが可能であろう。また、こうした視角以外にも、御幸や行幸を受け入れる側の摂関家にとって、王家の人間を宇治に迎えることの政治的意義や、その舞台装置としての邸宅や街区の持つ効果など、さまざまな視点からの分析が可能な素材である。これらについては今後の課題としたい。

注

（1）元木泰雄『藤原忠実』（吉川弘文館、二〇〇〇年）、杉本宏『宇治遺跡群　藤原氏が残した平安王朝遺跡』（同成社、二〇〇六年）。
（2）以上、すべて『兵範記』による。
（3）『兵範記』保元三年九月一四日条。
（4）『兵範記』保元三年九月二三日条。
（5）『兵範記』保元三年一〇月一四日条・一一月一九日条。
（6）『中右記』長承元年八月二五日条・二七日条
（7）『兵範記』保元三年一〇月五日条。
（8）『兵範記』保元三年一〇月六日条・一五日条。

(9)『兵範記』保元三年一〇月三日条・八日条・一二日条。
(10) 元木泰雄「院政期政治構造の展開」(『院政期政治史研究』思文閣出版、一九九六年、初出一九八六年)。
(11)『兵範記』保元二年七月六日条・一〇月八日条。
(12) 元木泰雄『保元・平治の乱　平清盛勝利への道』(角川学芸出版、二〇一二年、初出二〇〇四年)。
(13) 橋本義彦『藤原頼長』(吉川弘文館、一九六四年)、注(1)元木前掲書。
(14) 拙稿「二条親政の成立」(本書第二部第二章、初出二〇〇四年)。
(15) 注(14)拙稿(本書第二部第二章)。
(16)『兵範記』保元二年七月六日条・一〇月八日条。
(17) 五味文彦「信西政権の構造」(『平家物語　史と説話』平凡社、二〇一一年、初出一九八七年)。
(18) 注(12)元木前掲書。
(19) 注(12)元木前掲書。
(20) 注(14)拙稿(本書第二部第二章)。
(21) 注(12)元木前掲書。
(補注) 保元三年宇治御幸・東三条殿行幸を、後白河院・二条天皇の摂関家に対する優位を誇示するものとする評価に対しては、初出論文の刊行後、樋口健太郎「藤原忠通と基実」(元木泰雄編『中世の人物　京・鎌倉の時代編　第一巻　保元・平治の乱と平氏の栄華』清文堂出版、二〇一四年)によって、むしろ、摂関家の一体化を明示し、政権の安定化に努めようとしたものと評価するべきであるとの批判がなされている。

　樋口説は、保元の乱後の藤原基実の急激な昇進に見られるように、後白河天皇は摂関家を重視し優遇しているという、保元の乱後の摂関家の評価によっている。しかし、樋口説では、後白河天皇による摂関家抑圧として従来の通説で重視され、本書でもたびたび取り上げてきた、保元三年四月、院近臣藤原信頼との衝突により、摂関家家司藤原邦綱・平信範が解官されたこと、および、同年八月、後白河院から二条天皇への譲位に際し、信西と美福門院のみによって決定が行われ、摂関家は決定に参与しなかったことについて触れておらず、その評価には従いがたい。よって、本書に採録するにあたっても、旧稿の論旨には変更を行っていない。

第三章　高倉皇統の所領伝領

はじめに

　ここまで二章にわたって、皇位の継承、婚姻関係の設定、所領の伝領という三つの局面における、家長権の現れ方に注目して分析を行ってきたが、院政期においても、家長は、家長権を常に独占的に行使しえたわけではない。すでに指摘されている、後白河天皇から二条天皇への譲位に関与した美福門院や[1]、後高倉院死後にさまざまな活動を行った北白河院など[2]、家長不在時に見られる、後家による家長権の代行という現象が、その一例である。家長の不在時や、家長の権威や政治力が弱小であるときには、後家に限らず、外戚など、王家外部のさまざまな存在が、王権の行使に関与する。その最たる事例が、後白河院政期から内乱期にかけての、王家と平家との関係であろう。

　そこで、本章では、平家と関係の深い高倉・安徳の二代の天皇を高倉皇統と規定し、それぞれの母后である建春門院・建礼門院を含め、分析を行う。両天皇の在位期間は、仁安三年（一一六八）の高倉天皇即位から、寿永二年（一一八三）の平家都落ちまでの、通算一五年であり、両者が王家を主導したのは、治承三年（一一七九）一一月の後白河院政停止から、養和元年（一一八一）正月の高倉院死去までの、実質一年強の期間に過ぎない。しかし、即位当初の高倉天皇は、父である後白河院と外戚である平家との政治的提携の要として不可欠の存在であり、後白河

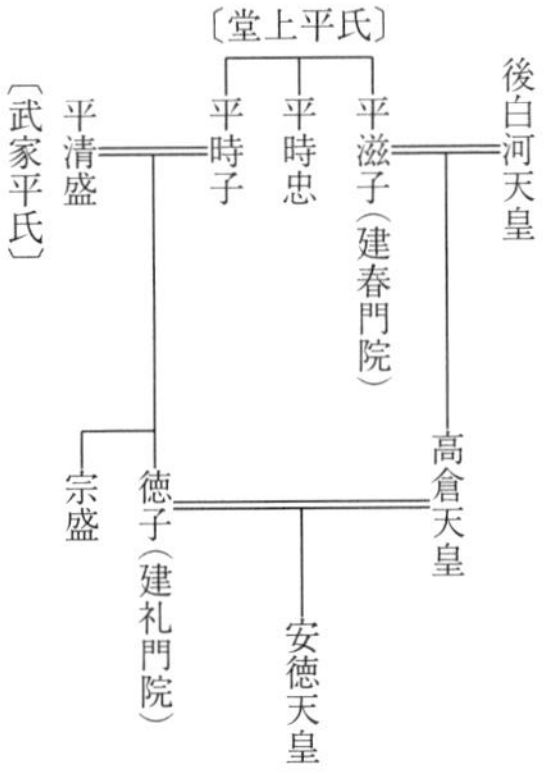

図11　高倉皇統関係系図

院と平家とが衝突に向かってからは、高倉・安徳天皇は、平家にとって、政権維持のためいっそう重要な存在であった。本来、高倉・安徳天皇は正統の皇位継承者と想定されていたのであり、在位期間の短さという結果的な要因にとらわれない分析が必要である。

　分析を進める上で、とくに注目したいのは、高倉皇統における所領の形成と伝領の問題である。当該期の、皇位継承をめぐる後白河院と平家一門との間の政治的対立については、すでに数多くの政治史研究の成果が出されている(3)。また、平家の持つ荘園については、とくに平家没官領に関して、重厚な研究の蓄積が存在する(4)。しかし、擁立する皇統を支えるための物質的基盤の問題については、これまで深く追究されてこなかった。とくに、後白河院と平家の間で対立が生じている時期や、高倉院の死後、後白河院が王家家長の地位に復帰してからの時期において、高倉皇統の立場は不安定さを抱えており、そうした状況下では、経済基盤としての荘園群が持つ重要性は高かったと予想される。

　高倉・安徳天皇を高倉皇統と規定し分析を加えるメリットは、三点ある。第一に、院政期王家研究の新たな素材として有用である。高倉皇統は、王家が外戚の強い影響下におかれた時期の事例として注目されるだけでなく、存在時期が院政期と鎌倉期との移行期にあたることから、二つの時期の王家研究を接続させるための素材としても好適である。

　第二に、平氏政権との関係によって異質な存在として取り扱われてきた高倉・安徳天皇を、母后である建春門院・建礼門院も含め、王家研究の枠組みに位置付け直すことができる。こうした視角による研究として、建春門院・建礼門院を国母としての役割から分析する試みが、栗山圭子によりすでに行われており[5]、本章も同様の問題意識に基づく。

第三に、平氏政権研究の上でも、平氏政権と王家との関係を分析するための素材として重要である。この点ではすでに、高倉院の下で開催される「内議」の存在や、乳母や女房として高倉院の周囲を固める平家関係者の重要性[6]、平家の外戚化の意図が家格の維持にあったこと[7]、などが指摘されている。本章は、平家が高倉皇統をどのように維持しようとしたかという問題について、経済的基盤となる所領の形成という観点から、新たに分析を加えるものである。

なお、高倉皇統の所領は、具体的には、高倉天皇・安徳天皇およびその母親である建春門院・建礼門院の所領ということになるが、これらについての分析は従来ほぼ行われていないといってよい。そこで本章では、まず、その所領として挙げられるものを抽出し、所領の形成過程や集積の意味については、その後に論じることとする。

第一節　平氏政権末期における高倉皇統の所領

1　高松院領の相伝

高倉皇統の所領について考える上で重要な史料は、従来注目されてこなかった、『玉葉』養和元年（一一八一）二月四日条である。

伝聞、故高松院御庄幷京地等、被レ譲二献故建春門院一、仍高倉院御伝領、而登霞之刻、被レ奉レ処二分中宮一之由、時忠卿申二法皇一、御処分之実否難レ知、時忠之所行歟、不レ聞二分明之仰一、中陰之間、号二中宮令旨一、推以奉行、法皇内心不レ説云々、

この記事の内容は以下の通りである。①高松院領であった荘園・京地は、建春門院に献じられ、さらに高倉院に伝領された。②平時忠は後白河院に、「高倉院は死去の際、これを中宮平徳子（建礼門院）に処分した」と報告した（これについて、兼実もしくは情報の伝達者は、処分が実際に行われたかどうかは不明であり、時忠が行ったのではないかと推測している）。③時忠は、後白河院が態度を明確にしないうちに、まだ中陰の間に、中宮徳子の令旨と称して、強引に実行した。後白河院はこれを喜ばなかった。

この記事はあくまで「伝聞」であるが、この処置が実際に行われたことを示すのは、『吉記』元暦元年（一一八四）四月一六日条に記された、押小路殿の伝領過程についての記述である。

今夜院押小路殿御移徙也、本是鳥羽院仙居、高松院御伝領、次被㆑奉㆓建春門院・高倉院㆒之後、為㆓建春門院御領㆒、而有㆑議猶奉㆑院了、法住寺殿之外依㆑無㆓他御所㆒、今加㆓修造㆒所㆓令㆑渡御㆒也、

これによると、鳥羽院の院御所押小路殿は、鳥羽院の皇女である高松院から建春門院・高倉院へと伝領された。高倉院の後には「建春門院」の御領となったとあるが、高倉の死以前に建春門院は死去しており、これは「建礼門院」の書き誤りと考えるのが妥当であろう。なお、「有㆑議猶奉㆑院了」とあることから、その後、押小路殿はさらに後白河院に奉られていることもわかるが、奉った主体や、奉られた時期については不明である。

以上により、高松院領は、建春門院→高倉院→中宮平徳子（建礼門院）と伝領されたことが明らかになった。徳子の伝領は、後家による所領管理と位置付けられる。

押小路殿は、康治二年（一一四三）に建造された院御所で[8]、高松院が伝領する以前は鳥羽院と美福門院の御所とされていたが、美福門院の御願寺である金剛勝院が付随して建設されている[9]。金剛勝院とその寺領も、当然、同様に建春門院・高倉院を経て徳子へと伝領されたと考えられる[10]。また、押小路殿以外の高松院領は、『吾妻鏡』文治二年（一一八六）三月一二日条所収「関東知行国々内乃貢未済庄々注文」により、越後国青海庄・吉河庄が知られ

る。この注文で、青海庄・吉河庄には「高松院御領」と注記されており、高松院の庁分荘園は、高松院死後も、高松院御領という一つの群として伝領されたものと推定される。

すでに前章で明らかにしたように、高松院は後白河院の同母姉上西門院の猶子とされ、後白河院の庇護を受けていたので、高松院の遺領を建春門院に処分したのは、後白河院と考えられる。建春門院が死去したのは、高松院死去からわずか一ヵ月後の安元二年（一一七六）七月八日であるから、建春門院による知行は、実際にはほぼ行われなかったと見ていい。にもかかわらず、高松院領が高倉院に伝領されたのは、建春門院の意思によるものであろう。

注意すべき点は、建春門院死去時に、高倉院はいまだ在位中であったことである。在位中の天皇の所領管理は後院が行っており、高松院領も当然後院領に組み込まれたはずであるが、院政期の後院領は、治天である院の管理下におかれ、天皇が王家の家長となった場合のみ、後院司が任じられたことが指摘されている(11)。実際、高倉天皇の後院は、後白河院政が停止され、高倉天皇が王家の家長となった治承三年（一一七九）一一月に機能を開始している(12)。後院設置以前の高松院領の管理形態を示す史料はないが、後院領が王家の家長の管理下におかれたことを考慮すれば、高松院領も、同様に家長の後白河院が管理していたと考えるのが妥当である。

これと関連する事例が、同じく治承三年に起きた、摂関家領相続問題である。摂政藤原基実の死後、渡領以外の摂関家領は基実後家である平盛子が管理していたが、盛子が治承三年六月に死去すると、平時忠は後白河院に「庄園一向被㆑奉㆑附㆓属主上㆒了」と通告した(13)。ところが、その後、院近臣藤原兼盛が白川殿倉預に補任されるなど、後白河院による摂関家領管理への介入が行われている(14)。田中文英はその理由について、王家の家長としての立場から高倉天皇領の支配に介入したものと想定しているが(15)、これは正しいであろう。おそらく、高松院領も、摂関家領と同様の形態で、後白河院に管理されたものと考えられる。

ここで、高倉院死去後の高松院領の伝領に際し、先述の処置が必要とされた理由を考える。死去当時、高倉院の管理下にあった所領は、①王家渡領としての狭義の後院領、②高倉院個人の下にある所領、③もと後白河院管理下にあった所領、の三つに大別できる。このうち、高倉院の在位時に広義の後院領であったものが①・②であり[16]、治承三年政変で後白河院政が停止されたことによって管理下に入ったものが③になる。

ところが、治承四年（一一八〇）の内乱勃発によって、平家は同年一二月に後白河院の幽閉解除を余儀なくされ、後白河院庁の活動も再開された[17]。こうした状況下で高倉院が死去した以上、平家は、院政を再開した後白河院に③を返還せざるをえない。また、①も、名目上は安徳天皇の後院領であっても、実際の管理は、家長の後白河院が行うことになる。

以上の状況で、②の高倉院個人の下にある所領だけは、徳子に伝領させて、平家の影響下に残すことが可能な所領であった。ここに含まれる高松院領を徳子の下に伝えるために取られたのが、先の『玉葉』の記事に見られる処置だったのである。

それでは、高松院領と同様、高倉院から徳子へと伝領された所領は、他に存在したのであろうか。次に、この点について分析していきたい。

2　建礼門院の相伝所領

高倉院から徳子へと譲られた所領として、第一に閑院が挙げられる。閑院については、鎌倉期以降の閑院内裏としての役割がよく知られているが、里内裏として継続的に使用されるようになったのは、高倉天皇即位後である。すでに明らかにされている閑院の伝領過程は[18]、①後白河院政期の初めには、鳥羽院から伝領した八条院の所有となっていた[19]、②閑院は南北二町にわたる邸宅であったが、そのうち一町を仁安二年（一一六七）に摂政藤原基房が八条院から譲り受け、新たに邸宅とした[20]、③翌仁安三年（一一六八）に高倉天皇がこの邸宅で践祚した[21]、というものである。ただし、③で高倉天皇は閑院を「借召」したと記録されており、所有権は摂政基房の下に残っていた。実際、嘉応二年（一一七〇）に高倉天皇は閑院を基房に「返給」しており[22]、高倉天皇に所有権が移るのは、それ以後のことである。

次に、養和元年（一一八一）の高倉院死去後の閑院についてだが、同年四月一〇日に、安徳天皇は八条殿から閑院に行幸している。行幸実施を進言した蔵人頭藤原経房は、平宗盛と中宮平徳子に「本是故院御所也、為二中宮御所一臨幸者可レ宜歟」と述べている[23]。また、行幸の際には、中宮権大進藤原光綱が装束のことを沙汰し、中宮亮平通盛が台盤所に据える菓子を調進したように[24]、徳子の中宮職が閑院の管理に携わっていた。従来、高倉院から後鳥羽天皇までの閑院の伝領過程は注目されてこなかったが、実際には、高倉院から安徳天皇・後鳥羽天皇へと伝領されたのではなく、中宮徳子の手を経て、平家西走後に後鳥羽天皇の手に帰したのである。

第二に、最勝光院が挙げられる。最勝光院は、承安三年（一一七三）に建春門院御願寺として建立された寺院であり、建春門院から後白河院に伝領されたと従来考えられてきた[25]。しかし、最勝光院が後白河院の管理下にあることを示す史料は、建久三年（一一九二）の後白河院の死の直前まで見えない[26]。これに対し、内乱期の最勝光院の経営主体をうかがわせる史料が、次の建礼門院庁下文である[27]。

　建礼門院庁下　丹波国佐伯郷内時武名住人等

　　可下早任二国司庁宣状一、為二高倉院法華堂領一、勤仕上御八講灯明以下用途幷御国忌雑事等事、

　右、今年二月日秦頼康解状偁、件名田者、有二由緒一所二伝領一也、是以召二賜国司庁宣一、可レ寄二進　高倉院法

花堂御領一之由去年春比経二言上一処、同八月日雖レ召二預庁宣一、依レ不レ被レ載二官物不輸之字一、可レ書二加彼字一之旨、令二言上一之間、今年正月日可レ為二不輸之地一之由、重令レ成二進庁宣一、以二彼両度庁宣状一、早被レ成二下庁御下文一者、欲レ備二亀鏡一、於二御年貢一者、限二永代一可レ調二進最勝光院正月御八講御灯明御布施被物幷法花堂御国忌雑事一也、望請恩裁、任二両度庁宣状一、為二不輸御領一、可レ停二止役夫工米大嘗会造内裏以下勅院事幷大小国役等一之由、欲レ被レ成二下庁御下文一者、任二申請一為二彼寺領一、毎年可レ備二進件用途一状、所レ仰如レ件、住人等宜二承知一、不レ可二違失一、故下、

寿永二年二月　日（署判者略）

これによると、寿永元年（一一八二）春、秦頼康は、丹波国佐伯郷時武名を高倉院法華堂領として寄進し、国司庁宣が発給されたが、国司庁宣には官物不輸を認める文言がなかった。そこで、頼康は官物不輸を申請し、寿永二年（一一八三）正月に、再度国司庁宣が発給された。これを受けて、頼康は、最勝光院正月八講御灯明御布施被物・法花堂御国忌雑事を永代調進し、役夫工米大嘗会造内裏以下勅院事大小国役等を停止する、院庁下文の発給を求める解状を、建礼門院庁に提出した。建礼門院がこれを認めるために発給したのが、この下文である。

下文の中で、時武名は高倉院法華堂領とされているが、高橋一樹の指摘の通り、正中二年（一三二五）の最勝光院領荘園目録(28)に見える丹波国佐伯庄は、時武名を中核に、建久年間（一一九〇―九九）に立荘されたものと考えられる(29)。なお、高倉院法華堂は、清閑寺に建てられた高倉院の墓所であり、現在の後清閑寺陵に当たる。

ここで、まず注目されるのは、頼康の申請が建礼門院庁下文によって認められている点である。女院の院庁下文の荘園立荘機能について、佐藤泰弘は、自権門の枠を超越して他権門の荘園まで立荘できるのは院の院庁下文と天皇の官宣旨のみであり、女院の院庁下文や摂関家の政所下文は自権門の中で完結していることを明らかにした(30)。時

武名の事例は別名の設定に関するものであり、荘園の立荘にはいたっていないが、国家的給付という機能では共通しており、敷衍が可能と考える。

続いて、時武名の不輸を認める理由となっている「最勝光院正月御八講御灯明御布施被物幷法花堂御国忌雑事」に注目する。最勝光院正月八講は、高倉院の忌日である正月一四日から、五日間最勝光院で行われる、高倉院の追善法華八講である（ただし、初度の寿永二年のみ、正月一九日〜二二日に催行）(31)。また、「法花堂御国忌」は、高倉院の忌日である正月一四日に高倉院法華堂で行われる国忌行事である。

ここで、国忌八講の経営という観点から考察を加えると、国家行事として行われる追善法華八講は、太政官と院庁によって共同運営され、布施は院と寺家から出されたことが、遠藤基郎・海老名尚によって指摘されている(32)。最勝光院の場合、正月八講の布施については史料がないが、七月に行われる建春門院追善八講について、『吉記』寿永元年七月八日条に「次給㆓御経供養布施㆒、左衛門督、堀川中納言取㆓被物㆒、侍臣取㆓裹物㆒、是院庁寺家両方布施也」と見え、布施は院と寺家の双方から出されたことが確認できる。正月八講の布施についても、同様の形態が取られたと考えられる。

第一節ですでに述べたように、高倉院の死後は後白河院が院政を行っていることから、院庁分の布施は、当然、後白河院庁から供出されているものと想定される。これに対し、時武名の調進した最勝光院正月八講の布施被物は、寺家＝最勝光院負担分の布施被物を指す。つまり、建礼門院は最勝光院での仏事における寺家用途調進先の決定に関与していたのである。

高倉院死後に見られるこうした最勝光院の運営形態に対し、創建当時の最勝光院では、すでに伴瀬明美・栗山圭子が明らかにしているように、所領・年貢の設定や供僧の人事などが、後白河院・建春門院の共同によって運営されていた(33)。時武名の事例における建礼門院の立場は、所領・年貢の設定を行っているという点で、建春門院と同様である。しかし、建春門院が、それを後白河院と共同で行っていたのに対し、時武名の事例では、寄進者である秦頼康の解状が建礼門院庁に提出され、それが建礼門院庁下文によって認められているように、建礼門院は、所領・年貢の設定を単独で行っていた。この点が大きな相違点であり、この時点で、最勝光院は、後白河院の手を完全に離れ、建礼門院によって単独で経営が行われていたと考えられる。

　また、すでに述べた通り、御願寺での追善仏事の運営と御願寺領の伝領は一体のものとなっていたことが、近年明らかにされている。建礼門院が最勝光院正月八講の寺家用途を決定したことは、この点からも注目される。

　以上、論点をまとめると、①建礼門院庁下文の効力の範囲、②最勝光院経営における建礼門院の立場、③追善仏事運営における建礼門院の立場、という三点から、当時、高倉院法華堂・最勝光院は、建礼門院が経営していたと考えられる。そして、高倉院の墓所として新造された高倉院法華堂は別として、最勝光院は、建礼門院が高倉院から伝領したものと考えられる。

　ところで、最勝光院は、本来、建春門院の御願寺であり、高倉院の御願寺ではなかった。高倉院の追善仏事が最勝光院で行われたことと、最勝光院の伝領過程とは、どのように関わるのか。この点について考察するため、次に、高倉院死後に行われた追善仏事について分析する。

追善八講
法勝寺『百』天承元年7月3日条
尊勝寺『殿』天仁2年7月16日条
最勝寺『年中』安楽寿院（私家八講）『吉』寿永2年7月2日
（行われず）
長講堂（六条殿）『師光』
最勝光院『玉』寿永2年正月19日条

追善八講
法金剛院（私家八講・非定例）『台』久安2年5月26日条
歓喜光院（私家八講）『薩』応永30年11月23日条
最勝光院『玉』治承2年7月8日条

記，『玉』＝玉葉，
戒記.
皇・六条天皇につい
開催例を確認できな

表13　院政期天皇・国母女院追善仏事一覧

天皇	死亡場所	各七日	中陰御斎会	月　忌	周　忌
白河	三条烏丸殿 『中』大治４年 ７月７日条	三条烏丸殿 『中』大治４年 ７月20日条 法勝寺 『中』大治４年 閏７月25日条	法勝寺 『中』大治４年 閏７月20日条	三条烏丸殿 『中』大治４年 ９月７日条	法勝寺 『中』大治５年 ７月７日条
堀河	堀河殿 『中』嘉承２年 ７月19日条	堀河殿 『中』嘉承２年 ７月25日条	尊勝寺 『中』嘉承２年 ８月25日条	堀河殿 『中』嘉承２年 ９月19日条	堀河殿 『中』天仁元年 ７月19日条
鳥羽	鳥羽殿 『兵』保元元年 ７月２日条	鳥羽殿 『兵』保元元年 ７月８日条	宝荘厳院 『兵』保元元年 ８月13日条	鳥羽殿 『兵』保元２年 ４月２日条	鳥羽殿 『兵』保元２年 ７月２日条 最勝寺 『兵』保元２年 ６月25日条
近衛	近衛殿 『兵』久寿２年 ７月23日条	近衛殿 『山』久寿２年 ８月７日条	延勝寺 『兵』久寿２年 ９月８日条	近衛殿 『山』保元元年 ３月23日条	延勝寺 『兵』保元元年 ７月23日条
後白河	六条殿 『玉』建久３年 ３月13日条	六条殿 『明』建久３年 ５月２日条	蓮華王院 『明』建久３年 ４月25日条	(不明)	六条殿 『百』建久４年 ３月13日条
高倉	六波羅池殿 『玉』養和元年 正月14日条	(不明)	最勝光院 『玉』養和元年 ２月25日条	六波羅池殿 『吉』養和元年 ３月14日条	六波羅池殿 『玉』寿永元年 正月14日条

女院	死亡場所	各七日	中陰御斎会	月　忌	周　忌
待賢門院	三条高倉殿 『台』久安元年 ８月22日条	三条高倉殿 『台』久安元年 ９月26日条	円勝寺 (非御斎会) 『台』久安元年 10月11日条	三条高倉殿 『台』久安元年 11月22日条	三条高倉殿 『台』久安２年 ８月22日条 円勝寺 『台』久安２年 ７月30日条
美福門院	押小路殿 『山』永暦元年 11月24日条	(不明)	(不明)	(不明)	(不明)
建春門院	七条殿 『玉』安元２年 ７月８日条	七条殿 『玉』安元２年 ８月13日条	最勝光院 『玉』安元２年 ８月17日条	七条殿 『愚』治承元年 ３月８日条	閑院 『玉』治承元年 ７月５日条

注１：『中』＝中右記，『百』＝百錬抄，『殿』＝殿暦，『兵』＝兵範記，『年中』＝年中行事秘抄，『山』＝山槐
『明』＝『明月記』，『吉』＝『吉記』，『師光』＝師光年中行事，『台』＝台記，『愚』＝愚昧記，『薩』＝薩
２：配流先の讃岐で死去した崇徳天皇，壇ノ浦で死去した安徳天皇，追善仏事がすべて不明の二条天
ては省略した．
３：『年中行事秘抄』は待賢門院忌日である８月22日に「仁和寺御八講事」を載せているが，院政期の
いため，ここでは採用しなかった．

高倉院は、養和元年正月一四日に、六波羅池殿で死去した。その後、高倉院追善のために行われた仏事と開催場所を順に追って行くと（表13）、まず、中陰の期間中に行われる仏事のうち、各七日の仏事の開催場所は不明であるが、中陰御斎会は、同年二月二五日に最勝光院で行われている。次に、毎月の月忌は「旧院」＝高倉院の死去した六波羅池殿で行われ、翌年正月一四日の高倉院周忌の際も、御斎会が「高倉院」＝六波羅池殿で行われている。そして、高倉院没後二年目の寿永二年正月一九日から四日間、最勝光院で高倉院の追善法華八講が行われ、翌年以降は、式日が命日の正月一四日に移され、恒例行事とされたのである。

ここで、比較のために、院政期の院・天皇の追善仏事について概観すると（表13）、一般に、各七日・月忌の仏事は追善対象の死去した御所で行われているのに対し、中陰御斎会・法華八講は追善対象の御願寺で開催されている点が注目される。また、法華八講が恒例化する場合、その開始年は、一般に没後二年目である。

以上を踏まえた上で、注目すべき点は、高倉院の中陰御斎会が、法華八講開催以前に最勝光院で行われていることである。このことは、最勝光院がすでに高倉院の御願寺とされていたことを示している。その理由と契機は、高倉院が建春門院から最勝光院を相伝したことに求められるだろう。

そもそも、高倉院法華堂の別名として成立した時武名が、法華堂での国忌行事の用途調達に宛てられるのは当然であるが、直接の関係を持たない最勝光院での仏事の用途をも時武名が調達している点に、注意する必要がある。その理由は、最勝光院正月八講が高倉院の追善仏事であり、最勝光院と高倉院法華堂が、高倉院の追善のために一体のものとして経営されていたからだと考えられる。

以上、本節では、高倉皇統に伝領された所領・邸宅・御願寺として、旧高松院領・閑院・最勝光院・高倉院法華堂の存在を指摘した。このうち、最勝光院は、建春門院・高倉院の御願寺であり、高倉皇統の所領内で最大となる二〇以上の寺領荘園を持つ、最も重要な存在である。しかし、すでに述べた通り、建立当初の最勝光院は、建春門院の御願寺でありながら、建春門院と後白河院とによって共同で経営されていた。その最勝光院が、高倉天皇に相伝され、さらに建礼門院が単独で経営する建礼門院期の形態へと変化するという過程は、高倉皇統の所領のあり方を考える上で、重要な手がかりとなる。以下、節を改め、高倉天皇による最勝光院伝領の問題について考察を加えたい。

第二節　高倉皇統と最勝光院

1　最勝光院七月八講の成立

すでに述べた通り、創建当初の最勝光院については、所領・年貢の設定や供僧の人事などの運営が後白河院・建春門院の共同で行われていたことが、明らかにされている。本節では、まず、建春門院の死以後の最勝光院と高倉天皇との関係について分析する。

建春門院の死にともなう最大の変化は、建春門院追善仏事として、最勝光院七月八講が成立したことである。高橋一樹は、七月八講と高倉院の追善仏事である正月八講の二つの国忌八講の成立を契機に、新たな最勝光院領の立荘が行われたことを指摘している(34)。ここでは、最勝光院七月八講の成立について、高倉天皇の最勝光院伝領との関連や、当時の政治状況との関連などの観点から、分析を行う。

最勝光院七月八講の成立過程で、まず指摘できるのは、高倉天皇自身が深く関与し、積極的な役割を果たしている点である。たとえば、この八講で使用された法華経は高倉天皇自身の手によって金泥で書かれたものであったが、これ以前の宸筆による追善法華八講は、天暦九年（九五五）に開始された法性寺八講（藤原穏子、初度のみ弘徽殿）、長保四年（一〇〇二）に開始された慈徳寺八講（藤原詮子、初度のみ一条院）、治暦元年（一〇六五）に高陽院で行われた後朱雀天皇追善法華八講、長治元年（一一〇四）に弘徽殿で行われた藤原賢子追善法華八講の四例のみである。(35)また、この宸筆法華経は、建春門院死去の約一月後の八月一一日には早くも書写が開始され、(36)八月二五日には完成していた。(37)以上のように、高倉天皇は八講の開催に積極的であり、早期から準備を整えていたのである。

第二に、その成立に平清盛が関与し、後白河院と折衝を行っている点が注目される。このことは、『玉葉』治承元年（一一七七）六月二一日条からうかがい知ることができる。

申刻、蔵人左少弁兼光来、御八講之間条々事、且仰下、且申上、（中略）

一　御所事、

院宣云、於二閑院一可レ被レ行、是先々例、皆於二母后旧居一被レ行レ之、於二当時皇居一者、已乖二其儀一、加レ之行二幸此第一之条、且為レ避二御霊会之路一、且為レ修二造閑院一也、令レ修二御八講一之期、還二御閑院一、被レ行二此事一、猶可レ為二皇居一、何有二異議一哉云々、而行二幸八条殿一之条、依二入道相国申状一、忽渡御、此事雖レ無下知二由緒一之人上、只依二彼一言一有二此臨幸一、而今不レ経二幾程一、無音還御、彼人素懐難レ知歟、仍於二此第一被レ行、有二何難一哉、於下非二先院之旧居一条上者、長治御八講依二天暦例一於二弘徽殿一被レ行レ之、彼殿非二母后之御在所一、然而只依二先例一被レ用レ之、然者何必還二幸閑院一哉之由、或人和讒云云、因レ之為二光能朝臣奉行一、以二此等之子細一、諮二詢福原禅門之許一、随二彼報状一可二事切一、仍今両三日ハ、不レ可レ有二左右一云々、（後略）

これ以前、高倉天皇は基本的に閑院を里内裏として使用していたが、祇園御霊会の神輿の通路を避けるため、六月一二日に八条殿に行幸した。(38)しかし、高倉天皇は御霊会の後も閑院に還幸しなかったため、法華八講を閑院と八条殿とのいずれで行うのかが問題となったのである。高倉天皇の行動は清盛の意向によるものであったため、後白河院は清盛に意向を問いただした。清盛の意思は八条殿での法華八講開催にあったらしく、六月二五日にいったん八条殿での開催が決定されたが[39]、八条殿内に大壁二ヵ間があることを理由に、閑院で行うよう同日夜に変更されている[40]。清盛が八条殿での開催を目指した理由は不明であるが、おそらく、八講に使用する仏具を八条院から借用したこと[41]に関わっているものと思われる。

この法華八講に関して、清盛の表立った関与がはっきり示されているのは、この事例のみである。しかし、このとき高倉天皇が清盛の意向に沿って行動していたように、高倉天皇の行動は、基本的に清盛の意に沿ったものであったこと、また、後白河院も、高倉天皇ではなく清盛にその意向を問い合わせていることが重要である。

第三に、通常、追善法華八講は死去二年後に開始されるにもかかわらず、建春門院の追善法華八講は、死去の翌年から開催されていることが指摘できる。表14に見える通り、院政期に新たに国忌八講として開始された法勝寺八講（白河院）・尊勝寺八講（堀河天皇）・最勝寺八講（鳥羽院）は、いずれも死去後二年以上経ってから始められている。最勝光院七月八講以後に開始された、最勝光院正月八講（高倉院）・長講堂八講（後白河院）の場合も同様である。摂関期も含めれば、周忌のうちに行われた法性寺八講（藤原穏子）・慈徳寺八講（藤原詮子）の例もあるが、周忌のうちに開催することが議論の対象となっていること[42]から考えて、この法華八講が死去の翌年に行われたのは、やはり通常よりも早めて開催されたものと考えなければならない。

第四に、この法華八講は閑院で開催されたが、翌年以降は最勝光院に場所を移して開催することが当初から決定されており、また、最勝光院との関連付けが初年度から行われていたことが注目される。初年度の願文[43]には「自後於㆓前院㆒建㆓立最勝光院㆒、毎年聖忌如㆓今日㆒開㆓講肆㆒展㆓斎筵㆒、永為㆓恒例㆒、不㆑可㆓失墜㆒」と記されており、最勝光

表14　国忌八講の始修年と追善対象の没年

天皇・国母	没　年　月　日	法華八講始修年月日
藤原穏子（村上天皇母）	天暦８年(954)正月４日(『扶』)	天暦９年(955)正月４日(『扶』)
円融天皇	正暦２年(991)２月12日(『日』)	不明(初出は寛弘元年〈1004〉２月16日)(『権』)
藤原詮子（一条天皇母）	長保３年(1001)閏12月22日(『権』)	長保４年(1002)10月22日(『権』)
一条天皇	寛弘８年(1011)６月22日(『権』)	長和２年(1013)６月22日(『御』)
後朱雀天皇	寛徳２年(1045)正月18日(『扶』)	永承２年(1047)正月16日(『年』)
後三条天皇	延久５年(1073)５月７日(『扶』)	承保２年(1075)５月５日(『中』)
白河天皇	大治４年(1129)７月７日(『中』)	天承元年(1131)７月３日(『百』)
堀河天皇	嘉承２年(1107)７月19日(『中』)	天仁２年(1109)７月16日(『殿』)
鳥羽天皇	保元元年(1156)７月２日(『兵』)	保元３年(1158)12月14日(『年』)
後白河天皇	建久３年(1192)４月13日(『玉』)	建久５年(1194)３月29日(『師』)
高倉天皇	養和元年(1181)正月14日(『玉』)	寿永２年(1183)正月19日(『玉』)

注１：『扶』＝扶桑略記，『日』＝日本紀略，『権』＝権記，『御』＝『御堂関白記』，『年』＝年中行事秘抄，『中』＝中右記，『百』＝百錬抄，『殿』＝殿暦，『兵』＝兵範記，『玉』＝玉葉，『師』＝師光年中行事.
　２：高木豊「法華講会の成立と展開」(『平安時代法華仏教史研究』平楽寺書店，1973年)を参照.

院で恒例行事化されることが確定していた。また、八講で使用された仏具は「高座礼盤花幔幡等所レ被レ借二用最勝光院一也、其実件仏具不具、仍多自二八条院一所レ被二借献一也云々」(44)とあり、実際には八条院から借用したにもかかわらず、名目上は最勝光院から借用したとされている。これも、当初からこの八講を最勝光院と結びつけるために行われた処置であろう。

なお、すでに第一節で述べたが(表13)、一般に、院・天皇の追善仏事は、各七日・月忌は死去した御所で行われ、中陰御斎会・法華八講は御願寺で行われた。建春門院の中陰御斎会は最勝光院で行われており、すでにこの時点で、将来の追善法華八講も最勝光院で催されることが想定されていたと考えられる。

以上を整理すると、最勝光院七月八講に関しては、①成立に高倉天皇が深く関わり、積極的な役割を果たしていた、②高倉天皇の行動の背景には、平清盛の意向が存在していた、③通常より一年前倒しして一周忌に行われた、④閑院で開催された当初から、翌年以降最勝光院に場所を移して継続して行われることが決定されており、初年度から最勝光院との関連付けが行われていた、という四点が注目される。これらは、この八講の成立が、平家・高倉天皇にとって、重要かつ緊急の課題であったこと、そして、とくに最勝光院との関係が重要であったことを示している。以下、こうした平家・高倉天皇の側の事情について、その背景を当時の状況から分析する。

2　高倉天皇と最勝光院

高倉天皇と平家が、建春門院の追善法華八講を通常より一年前倒しして開催した目的は、建春門院の権威を高揚させることにあったと考えられる。すでに指摘されているように、母である建春門院の死によって、高倉天皇の皇位は不安定なものとなり、法華八講の直前には、後白河院による退位工作をきっかけに、鹿ケ谷事件が起こっている(45)。当時、まだ皇子がなかった高倉天皇は、何らかの方法で、自己の皇位を安定させる必要があり、その手段の一つが、追善法華八講の催行による建春門院の権威の高揚であったと考えられる。

そして、建春門院の追善法華八講を初年度から最勝光院と関連付けた狙いは、高倉天皇による最勝光院の伝領を、より強固なものにすることであったと考えられる。第一節で確認した通り、最勝光院は、建春門院から高倉天皇に伝領され、高倉天皇個人の財産として、いったん後院領に編入された。しかし、当時の後院領は、家長である後白河院の管理下にあり、仮に、将来高倉天皇が皇位から離れた場合、最勝光院が高倉院個人の所領となるかどうかは、実際にはその時点での政治状況に大きく左右されると予想される。この場合、高倉院が建春門院追善のための最勝光院七月八講の運営に関わっていれば、最勝光院の伝領者としての正統性を主張する上で、大きな武器となるはずである。

もちろん、最勝光院七月八講は太政官と院庁によって共同運営されており、後白河院政下で行われた治承三年（一一七九）までの法華八講は、院によって取り仕切られた。すでに見た通り、建礼門院は最勝光院正月八講に寺家側の立場で関与しており、仮に、高倉天皇が皇統から外れた場合の最勝光院七月八講への関与の形態も、同様に寺家の経営者としてのものとなったであろう。すなわち、高倉天皇が七月八講を創始したメリットは、寺家の経営権の将来的な保障にあったといえる。

ここで注目されるのは、高倉天皇の伝領を境に、荘園の寄進者の顔ぶれが大きく変化することである。最勝光院領の寄進者と立荘時期を分析した高橋一樹によると、最勝光院領は、まず、落慶直後に六荘園がまとまって立荘され、その後、建春門院・高倉院国忌などの国家的仏事の増加に対応し、新たな立荘を重ねた。(46)

表15　最勝光院領寄進者

寄　進　者	荘園名	立　荘　年
源雅通	周防国島末庄	承安4年(1174)
藤原成親	信濃国塩田庄	承安4年(1174)
藤原為行	遠江国村櫛庄	承安4年(1174)
藤原経房	近江国湯次庄	承安4年(1174)
平政子(若狭局)	肥前国松浦庄	治承2年(1178)
藤原邦綱	備前国福岡庄	養和元年(1181)

注1：立荘時期が確実にわかるもののみ.
2：高橋一樹「院御願寺領の形成と展開――中世前期の最勝光院領を素材に」(『国立歴史民俗博物館研究報告』108，2003年)に依拠し作成.

このうち、立荘時期と寄進者の判明する荘園を抽出すると（表15）、まず、落慶供養直後に立荘された六荘園は、藤原成親・藤原為行といった後白河院の近臣が、寄進者の中心である。後白河院と平家の協調体制の下では、彼らは同時に建春門院・平家にも近い人物だったが、建春門院の死後には、明確に後白河院政派・反平家派となっている。これに対し、建春門院死後の最勝光院領寄進者は、高倉天皇の乳母として平家と高倉天皇のパイプ役を果たした平政子、平清盛の側近中の側近藤原邦綱といった、平家関係者である。

このように、平家関係者による荘園寄進が見られるのは高倉天皇の最勝光院相伝後であり、このことは、高倉天皇による伝領が、平家関係者にとって好都合であったことを示している。高倉皇統による所領の伝領は、外戚として高倉天皇を支える平家にとっても、重要な意味を持ったのである。

逆に、後白河院と近臣にとって、高倉天皇による伝領は、不都合な事態であったといえよう。そもそも、後白河院が最勝光院の伝領をどのように構想していたかを考えると、最勝光院には寺上卿がおかれていた点が注目される。海老名尚・遠藤基郎が明らかにしたように、院政期創建の御願寺で、寺上卿がおかれた六勝寺と蓮華王院は、王家の渡領として皇位とともに継承され、経営は王家の家長が行い、仏事には太政官機構が関与した[47]。後白河院が最勝光院に寺上卿をおいたことは、最勝光院を、六勝寺・蓮華王院と同様に、王家の渡領と位置付けていたことを示しており、実際、後白河院が死去した際に、最勝光院は、六勝寺・蓮華王院とともに、後鳥羽天皇に伝領されている[48]。つまり、後白河院に、最勝光院を高倉天皇に個人の所領として伝領させる意思はなかったといえるのであり、これを覆したのは、第一節で見た高松院領等の伝領の際の経緯や、最勝光院七月八講の成立の経過から考えて、生前の建春門院および平家の意向であったことは間違いない。従来、建春門院の死を契機に、後白河院およびその近臣と平家一門との軋轢が表面化し、鹿ケ谷事件の原因となったとの見通しがなされているが[49]、最勝光院の伝領をめぐる問題も、その具体的な表れとして想定できるのではないだろうか。

おわりに――高倉皇統の所領形成と王家領の動向

そもそも、天皇自身は内蔵寮などの内廷経済を備えており、皇位にある限り、経済基盤としての荘園群を本来必要としない。高倉皇統において荘園群が問題となるのは、第一には外戚である平家との関係においてであり、これについてはすでに前節で見通しを述べた。第二には、皇位継承の結果として、皇統から外れることになった場合においてである。最後に、皇位継承との関連の問題について分析し、本章で明らかにした高倉皇統の所領形成を、王家全体の動向の中に位置付けたい。

先学の研究成果に依拠して、当該期の王家領の状況を概観すると、父鳥羽院・母美福門院の御願寺領と庁文荘園を中心とする八条院領は、養女の以仁王女子に伝領され、以仁王女子の死去により八条院の下に戻った後、養女の春華門院（後鳥羽院の皇女）→後鳥羽院（王家家長）と伝領された。これに対し、待賢門院の御願寺領は、皇女の上西門院→後白河院（王家家長）→皇女の宣陽門院と伝領された。このほか、後白河院が自ら集積した荘園群は、蓮華王院領・新日吉社領・新熊野社領等が孫の後鳥羽天皇に、長講堂領が皇女の宣陽門院に、金剛勝院領が皇女の殷富門院に、それぞれ相伝された[50]。

注意すべき点は、高倉・安徳天皇が王家の家長とならない限り、以上の荘園群が高倉皇統に伝領される可能性はまったくなかったことである。治承四年（一一八〇）の以仁王挙兵が八条院領に依拠して行われたように[51]、八条院は高倉皇統と明確に一線を画しており、八条院領が自発的に高倉皇統に伝領される可能性は皆無であった。また、高倉天皇を退位させ皇統から外す意思を持っていた後白河院の所領や、その同母姉である上西門院の所領についても同様である。

以上のような状況で、高倉天皇が自己の経済基盤となる荘園群を保持しないまま皇統から離れた場合、高倉院の王家内部における立場はどのようなものとなっていただろうか。この点で参考となるのは、前章で取り上げた、六条天皇の事例である。

仁安三年（一一六八）の譲位後、六条院は後白河院と同居していたらしく、安元二年（一一七六）七月に病死する直前、院御所の法住寺殿から藤原邦綱の東山亭に退出させられている[52]。六条院は譲位以前に父二条天皇を亡くしており、母伊岐致遠女子の出自も低く、養母の藤原育子（二条天皇中宮）も承安三年（一一七三）に死去しているから、祖父の後白河院が六条院を庇護するのは当然ともいえる。しかし、後白河院と二条天皇との確執を考慮すれば、後白河院にとって、六条院を管理下におくことは、自己の王権の安定のために必要な処置であった。そして、六条院が特段の所領を持たず自立が困難であったことが、これを可能としたのである。

逆に、経済基盤によって独自の政治的地位を保持しえた代表例は、以仁王であろう。すでに知られているように、以仁王は八条院の後援を受けていただけでなく、城興寺領を保持していた。平家が治承三年政変（一一七九）で以仁王から城興寺領を没収したのは[53]、以仁王の経済基盤を切り崩し、立場を弱体化させるための方策でもあったといえる。このように、財政基盤としての所領は政治的にも重要な意味を持ったのであり、高倉皇統が所領を形成しようとした理由も、この点に求められる。

また、高倉天皇が即位するのは仁安三年であるにもかかわらず、その所領の集積が大きな問題となるのが安元二年から治承元年（一一七七）にかけてであったことも、以上の点と深く関係している。すでに述べた通り、高倉皇統の所領の中核をなす最勝光院と旧高松院領が高倉院に伝領されたのは、安元二年の母建春門院の死によってであるが、高倉天皇の皇位は、母の死を契機に不安定なものとなっていた。それまでは正統後継者としての磐石の位置を占めていた高倉天皇が、皇統から外れる可能性が生じたこの時期、高倉天皇にとって、所領の持つ重要性はいっそう高まっていたのである。

高倉皇統の所領形成を王家領全体の中に位置付けたときに、もう一点注目されるのは、建春門院から息子の高倉天皇へ、高倉天皇から後家の建礼門院へ、という伝領過程である。院政期の王家領は、基本的に未婚内親王の女院に伝領されていた。これに対し、後家の所領相伝については、高倉皇統以前に美福門院の例も見られるが、男子である高倉天皇が母の遺領を相続している点は、従来見られなかった異質な現象である。

こうした高倉皇統の事例と類似するのは、のちの七条院領の伝領過程である。安貞二年（一二二八）に七条院が死去すると、七条院領の大半は、隠岐に配流されていた後鳥羽院の意向により、修明門院に伝領された[54]。国母七条院―（子の後鳥羽院）―息子の妻修明門院という伝領過程は、国母―天皇―後家という高倉皇統の事例と対応する。また、建春門院の追善法華八講を高倉天皇が、高倉院の追善法華八講を建礼門院が、それぞれ最勝光院で行っている点も、修明門院が歓喜寿院八講（七条院）・安楽心院八講（後鳥羽院）を行っていることと共通している[55]。王家領が女院によって伝領される理由について、野口華世は女性が近親者の菩提を弔う役割を担っていたことによるとの説を提示しているが[56]、高倉天皇が建春門院の追善法華八講を行っていること、男系による王家領相伝も見られることから、野口説には首肯できない。こうした男系による相伝の原理は、両統迭立以降の王家に一般的に見られるものであり、高倉皇統は、鎌倉後期の王家における相伝形態の先駆的な事例と評価できる。

当該期の王家における男系継承のあり方については、近年、栗山圭子によって、新たな見通しが提示されている。栗山は、王家に関する用語の概念規定の不統一という従来の王家研究の問題点を指摘した上で、院政期を主な対象に分析を行い、一組の夫婦関係（父院＋国母）を前提に嫡系継承を指向する院の家を「王家」と規定し、「王家」を包含する氏としての王家（王氏）と区別することを提唱した。そして、両統迭立期以前にも複数の「王家」が分立する可能性はあったが、他方の駆逐ないし自然消滅により一方が唯一の「王家」となり、王家＝「王家」の基本構造を保って推移した、と論じた[57]。

両統迭立期の「王家」分立について、栗山は鎌倉中期以降成立する「宮家」の存在も視野に入れている。ここで栗山のいう「宮家」とは、王家内部に存在する、男系による嫡子継承原理で相承される、皇統以外の「家」、ということになるが、善統親王以後の四辻宮家はその嚆矢といえる存在であり、すでに述べた通り、その起源は、七条院領が修明門院に伝領されたことに遡る。その後、両統迭立期には大覚寺統・持明院統の二つの「王家」が並立し、それぞれ男系によって継承されることとなるが、男系による家産の伝領自体は、すでに高倉皇統の段階で見られているのである。

栗山説の通り、院政期に皇統以外の男系の家が分立する可能性が生じた際には、一方の消滅によって結果的に単一の皇統が維持されている。問題は、むしろ、両統迭立期には王家内部で家の分立が可能であるにもかかわらず、院政期にはなぜそれが不可能なのか、という点にあるだろう。王家内部の分裂という政治的状況は、常に内乱の引き金となっており、院政期の王家がなぜ複数の家の並存を許容できないのか、という問いに対する答えは、院政期政治史を理解するための重要な鍵となる。

建春門院死後に見られる、後白河院の皇子を高倉天皇の養子としようとする動きは、高倉天皇が皇統から外れた存在となる可能性を秘めていた。これに対し、高倉天皇と平家は所領を集積するなどの対応を見せるが、結局は鹿ケ谷事件を引き起こし、こうした動きを否定する。最終的に、高倉皇統は平家の滅亡とともに消滅するが、鹿ケ谷事件の時点で、高倉天皇と平家は、皇統外で分立する家としてのあり方を拒絶したのである。

高倉皇統とそれ以後の事例との間を分かつ分水嶺となったのは、承久の乱であろう。乱での敗北により、王家の武力装置は事実上消滅し、鎌倉幕府は、王家の家長権の上位者として家長の意思を否定することが可能な存在となった。その結果、王家内部の対立において、一方が他方を武力で圧倒することは不可能となり、両統迭立期の持明院統と大覚寺統の争いのように、鎌倉幕府の支持を得るために奔走することとなったのである。その具体相については、次章で展望したい。

注

（1）五味文彦「信西政権の構造」（『平家物語　史と説話』平凡社、二〇一一年、初出一九八七年）。
（2）曽我部愛「後高倉王家の政治的位置――後堀河親政期における北白河院の動向を中心に」（『ヒストリア』二一七、二〇〇九年）。
（3）研究は多岐にわたるため、以下の行論の中で必要に応じ適宜触れる。
（4）平家没官領の研究史については、川合康「鎌倉幕府荘郷地頭職の展開に関する一考察」（『鎌倉幕府成立史の研究』校倉書房、二〇〇四年、初出一九八五年）参照。
（5）栗山圭子「院政期における国母の政治的位置」（『中世王家の成立と院政』吉川弘文館、二〇一二年、初出二〇〇二年）。
（6）田中文英「高倉親政・院政と平氏政権」（『平氏政権の研究』思文閣出版、一九九四年）。
（7）元木泰雄「後白河院と平氏」（『院政期政治史研究』思文閣出版、一九九六年、初出一九九二年）。
（8）『台記』康治二年四月三日条、『本朝世紀』同日条。
（9）『台記』康治二年八月六日条、『本朝世紀』同日条。
（10）室町院所領目録（『鎌倉遺文』二二三〇七号）では一五の寺領荘園が確認できるが、鎌倉以前の状況は未詳。
（11）栗山圭子「後院からみた中世王家の成立」（注(5)栗山前掲書所収、初出一九九八年）。
（12）『山槐記』治承三年一二月八日条。注(6)田中前掲論文参照。
（13）『山槐記』治承三年六月一九日条。
（14）『玉葉』治承三年一一月一五日条。
（15）注(6)田中前掲論文。
（16）後院領が、王家渡領としての狭義の後院領と、治天たる天皇の管領下におかれた所領である広義の後院領とで構成されていたことについては、注(11)栗山前掲論文。

(17)『山槐記』治承四年一二月八日条。注(6)田中前掲論文、注(7)元木前掲論文参照。
(18)太田静六「閑院第の研究」(『寝殿造の研究』吉川弘文館、二〇一〇年、初出一九四三年)。
(19)『玉葉』仁安二年一二月一〇日条。
(20)『玉葉』仁安二年一二月一〇日条。
(21)『玉葉』仁安三年二月一九日条。
(22)『玉葉』嘉応二年九月二七日条。
(23)『吉記』養和元年四月一〇日条。
(24)『吉記』養和元年四月一〇日条。
(25)蘆田伊人編『御料地史稿』(帝室林野局、一九三七年)等。
(26)建久三年正月日付最勝光院起請案(『高山寺古文書』)。
(27)『平安遺文』四〇七四号。
(28)『鎌倉遺文』二九〇六九号。
(29)高橋一樹「院御願寺領の形成と展開——中世前期の最勝光院領を素材に」(『国立歴史民俗博物館研究報告』一〇八、二〇〇三年)。
(30)佐藤泰弘「立券荘号の成立」(『日本中世の黎明』京都大学学術出版会、二〇〇一年、初出一九九三年)。
(31)『年中行事秘抄』。
(32)海老名尚「中世前期における国家的仏事の一考察——御願寺仏事を中心として」(『寺院史研究』三、一九九三年)、遠藤基郎「天皇家王権仏事の運営形態」(『中世王権と王朝儀礼』東京大学出版会、二〇〇八年、初出一九九四年)。
(33)伴瀬明美「院政期~鎌倉期における女院領について——中世前期の王家の在り方とその変化」(『日本史研究』三七四、一九九三年)、注(5)栗山前掲論文。
(34)注(29)高橋前掲論文。

(35)『玉葉』治承元年七月五日条。
(36)『百錬抄』安元二年八月一一日条。
(37)『百錬抄』安元二年八月二五日条。
(38)『玉葉』治承元年六月一二日条。
(39)『玉葉』治承元年六月二五日条。
(40)『玉葉』治承元年六月二六日条。
(41)『玉葉』治承元年七月五日条。
(42)『玉葉』治承元年三月七日条。
(43)『高倉天皇奉為前建春門院被修法華八講御願文』(『本朝文集』巻第六〇所収)。
(44)『玉葉』治承元年七月五日条。
(45)五味文彦「平氏軍制の諸段階」(『史学雑誌』八八―八、一九七九年)、注(7)元木前掲論文。
(46)注(29)高橋前掲論文。
(47)注(32)海老名前掲論文、注(32)遠藤前掲論文。
(48)『玉葉』建久三年二月一八日条。
(49)注(45)五味前掲論文、注(7)元木前掲論文。
(50)野村育世「中世における天皇家――女院領の伝領と養子」(前近代女性史研究会編『家族と女性の歴史　古代・中世』吉川弘文館、一九八九年)。
(51)上横手雅敬『平家物語の虚構と真実』(塙書房、一九八五年、初出一九七三年)、五味文彦「以仁王の乱――二つの皇統」(注(1)五味前掲書所収、初出一九八七年)。
(52)『百錬抄』安元二年七月一七日条。
(53)『山槐記』治承三年一一月二五日条。注(6)田中前掲論文。

(54)　奥野高広「七条院御領に就いて」(『国学院雑誌』四七―五、一九四一年)。

(55)　歓喜寿院八講については『明月記』寛喜二年九月一六日条。安楽心院法華八講については、長田郁子「鎌倉期における皇統の変化と菩提を弔う行事――仁治三年正月の後嵯峨天皇の登位を中心に」(『文学研究論集(文学・史学・地理学)』一五、二〇〇一年)、布谷陽子「王家領の伝領と女院の仏事形態――長講堂領を中心に」(入間田宣夫編『日本・東アジアの国家・地域・人間――歴史学と文化人類学の方法から』入間田宣夫先生還暦記念論集編集委員会、二〇〇二年)。なお、最勝光院八講が国忌八講であったのに対し、歓喜寿院八講・安楽心院八講は当初私家八講であった、という相違点がある。これは、皇統であったか否か、また、最勝光院の仏事が六勝寺等と同様に太政官と院庁によって共同運営されていたのに対し(注(32)海老名前掲論文、注(32)遠藤前掲論文)、歓喜寿院八講・安楽心院八講は鎌倉期以降に登場する治天の君と女院との共同運営仏事として成立した(布谷前掲論文)、という事情によるものである。

(56)　野口華世「中世前期の王家と安楽寿院――「女院領」と女院の本質」(『ヒストリア』一九九、二〇〇六年)。

(57)　栗山圭子「中世王家の存在形態と院政」(注(5)栗山前掲書所収、初出二〇〇五年)。

第四章　中世前期の政治構造と王家

はじめに

中世公家政権についての研究は戦前以来の蓄積を有するが、近年の研究の進展の背景として重要なのは、一九六〇年代に黒田俊雄によって提唱された権門体制論である[1]。これによって、従来は古代勢力の残滓であり中世において克服されるべき存在と見なされてきた貴族層は、中世社会における支配層の構成要素として、新たな位置付けを与えられた。この点で、枠組みそのものを受け入れるか否かにかかわらず、権門体制論は、中世公家政権研究を意義付ける、いわば理論的根拠としての役割を果たしている。

中世前期の公家政権を特徴付けるのは、院政という政治システムである。近年は、とくにその制度面に関する研究成果が蓄積され、院御所議定制・院伝奏制・院評定制といった、院の政務決済や裁判に関わる制度の問題、あるいは、任人折紙による除目への介入など、人事権に関わる問題、さらには、院発給文書の国政上の位置付けに関わる問題などについて、解明が進められてきた[2]。

これらは、いずれも院の意思を国政に反映させるための政治制度であり、公家政権について考察するための重要な論点であるが、公家政権の特質を考えるためには、それだけで十分ではない。公家・武家・寺社の三者は、王権を結節点として支配層を形成するが、中世前期においてとりわけ重要な存在は、公家政権の頂点に位置し、天皇を家職として、王権――具体的には人事権や土地支配権など――を保持する、王家である。公家政権の特質について考察するためには、中世王家について、一つの権門としての観点から分析を行い、そこから進んで、王家の権門としての特質によって規定される、中世前期の政治構造を明らかにする必要があると考える。

具体的な分析の素材として、本章では、院・天皇の家の中世的「家」としての性格が公家社会に大きな影響を及ぼす、二つの問題を取り上げる。一点目は、院政と王家との関係についての問題である。院政という政治システムは、先に述べたような院の意思を国政に反映させるための政治制度と、院の家長権の確立と天皇に対する優越との、二つに依拠して成り立っている。すでに多くの蓄積がなされている制度史研究に対し、院政と院の家長権との問題については、元木泰雄・伴瀬明美によって、摂関期には外戚が皇位継承・後宮の編成を主導したのに対し、院政期に入ると王家において家長権が確立したことにより、王家の家長が自身の意思でこれらを主導し、これが院政成立の契機となったことが、すでに指摘されている(3)。しかし、院の家長権の確立が、中世前期を通じて、公家政権や政治構造をどのように規定したのかは、いまだ明らかにされておらず、これを構造的要因として分析する作業が必要であると考える。

二点目は、中世荘園制における、本家としての王家という問題である。これについては、まず、摂関期には外戚が天皇の遺産処分を主導したのに対し、院政期に入ると王家の家長が自身の意思でこれを主導することが、栗山圭子によって指摘されている(4)。

また、王家領荘園の具体的な伝領の経過については、すでに戦前からの蓄積が多く存在するが、なかでも注目されてきたのは、未婚内親王女院が大規模荘園群を伝領することである。この点について、かつては、政治の局外にある女院に伝領させることで所領の保全を図ったとの意義付けがなされていたのに対し[5]、一九八〇年代以降、とくに女性史研究の成果によって、女院の非政治性が否定され、女院が独自の荘園経営を行っていたことが明らかにされた[6]。

そして、皇統から分かれて継承された女院領は、後嵯峨院政期に再び皇統に集積されること、その原因は新規の荘園集積が難しくなったためと考えられることが、伴瀬明美によって指摘されている[7]。さらに、鎌倉期の王家では、皇統のほかに、所領と天皇の追善仏事を相伝する「皇統」と呼ぶべきものが分立し、それが両統迭立の前提となっていたとする見解が近藤成一により示され[8]、現在はこうした視角に依拠した個別研究も盛んに行われている。

このように、先行研究では、王家領が皇位とは別に継承される面が強調されてきた。しかし、王家領が皇位とは別に継承される原因については、追善仏事を行うという、女院の家族内における役割に由来するものとする、野口華世の説が提示されているが[9]、いまだ通説たりえていない。この問題について考えるためには、従来のように荘園群の伝領の経過を個別にたどるのではなく、皇位継承者と王家領の伝領者を決定する王家の家長の意図を中心に、王家領全体の枠組みの中で、伝領の過程を分析し直す必要があると考える。

以上の問題関心に基づき、本章では、皇位継承と王家領の伝領という二つの問題を、王家家長の意図と家長権の行使という観点から分析する。家長権の内容は当然多岐にわたるが、本章では、課題設定に即し、皇位継承者決定権・婚姻決定権・財産処分権に限定して、その現れ方を具体的に分析し、それが構造的に政治過程に与えた影響を論じる。

なお、すでに明らかにされている通り、中世荘園制の成立の大きな契機となった立荘の形態は、すでに白河院政期初頭に見られているが[10]、御願寺の建立を契機とした大規模な立荘が飛躍的に増大し、個別の荘園群の伝領の問題が王家内部で生じてくるのは、鳥羽院政期からである。よって、本章では、分析の起点を、鳥羽院の所領処分の問題におく。

第一節　皇位とともに継承される御願寺群

本節では、皇位継承と王家領伝領との関係を考える素材として、従来注目されてこなかった、皇位とともに継承される御願寺群の形成過程と、その成立の意義について分析を行う。

この点に関して注目されるのが、以下に掲げる『玉葉』建久三年（一一九二）二月一八日条の記述である。

（前略）申刻還御之後、丹二品為二法皇御使一参上、有レ被二申事等一余依二院御気色一候二御前一、故承二詔旨一、依二女房示一也、白川御堂等、蓮華王院、法華堂、鳥羽、法住寺等、皆可レ為二公家御沙汰一、自余散在所領等、宮達有二分給事等一、随二聞食及一、面々可レ有二御沙汰一云々此外、今日吉、今熊野、最勝光院、後院領、神崎、豊原、会賀、福地等、皆可レ為二公家御沙汰一、但金剛勝院一所可レ為二殷富門院領一云々此御処分之体誠穏便也、鳥羽上皇者普通之君也、而於二処分一者尤遺恨、併被レ委二謝美福門院一、法皇崩後、女院被レ分二献公家一今法皇御宇也、後鑑之所レ覃、法皇之御恥也、而今法皇於二遺詔一者、已勝二保元之先跡一百万里、人之賢愚得失、誠無二定法一事歟、（後略）

これは、後白河院が死去した際の遺領の処分について述べた記事であるが、記主の九条兼実は、傍線部分で、保元元年（一一五六）に死去した鳥羽院の所領処分に言及している。これによると、鳥羽院は所領のすべてを美福門院に処分し、美福門院は、鳥羽院死去ののち、後白河天皇に所領の一部を分献した（図12）。以上の事実認識に基づき、九条兼実は、鳥羽院の所領処分を批判し、後白河院の所領処分について「誠穏便也」「今法皇於二遺詔一者、已勝二保元之先跡一百万里」と述べ、鳥羽院の先例と比してはるかに優れていると評価する。

それでは、次代の王家家長に対する両者の所領処分には、具体的にどのような違いが存在するのだろうか。この点について考えるため、次に、後白河院の所領処分の詳細を分析する。

先の『玉葉』の記事から判明する、後白河院から後鳥羽天皇へと伝領された邸宅・御願寺・所領は、白川御堂等、蓮華王院、法華堂、鳥羽、法住寺、新日吉、新熊野、最勝光院、後院領である神崎・豊原・会賀・福地の各庄・牧である。このうち、白河御堂等については、同じく後白河院の所領処分について述べた『明月記』の記述から[11]、六勝寺を指すことが判明する。

以上の邸宅・御願寺は、その成立時期から、①後院領、②鳥羽殿、③六勝寺、④法住寺殿と付属の寺社、の四種に分類することが可能である。後院領は摂関期以来のものであり、鳥羽殿は白河親政最末期から白河院政初期にかけて建造されたもの、六勝寺は白河親政期から鳥羽院政期に建造されたもの、法住寺殿と付属の寺社は後白河院政期に建造されたものである。すなわち、「鳥羽院から美福門院を経て後白河天皇に伝領された」可能性があるのは、鳥羽殿と六勝寺ということになる。

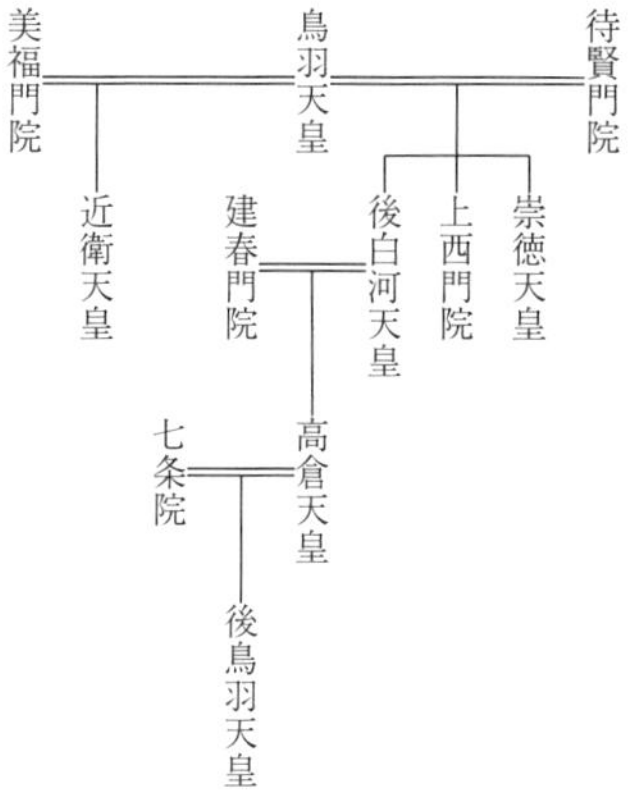

図12　王家関係系図

このうち、鳥羽殿は、宝荘厳院・得長寿院とともに、美福門院に処分されたことが確認できる[12]。本来、白河院の「後院」として建設され、渡り物としての後院の画期と評価される鳥羽殿であるが[13]、後院としての性格は建造後も一貫していたわけではなく、個別に伝領される邸宅として扱われるような、性格の揺れが生じていた。鳥羽殿については、当初は邸宅部分のみで出発し、後になってから付属の院家が多数建設されたことが明らかにされているが[14]、鳥羽殿に付属する御願寺の多くは、鳥羽院から美福門院・八条院へと伝領されており、鳥羽殿の後院としての性格の揺れも、こうした御願寺の建設に起因するものと想定できる。

次に、六勝寺については、院政期に多数建設された「○○院」の名で呼ばれる院家型寺院では、院司が仏事を経営していたのに対し、六勝寺では寺上卿・弁がおかれ、仏事に太政官機構が関与するなど、管理形態が明確に区別されていたことが指摘されている[15]。

しかし、こうした管理形態が見られる一方で、後白河院政期以前の六勝寺には、個人の御願寺としての性質も、色濃く残っていた。第二部第一章ですでに述べた通り、崇徳院の御願寺である成勝寺と寺領荘園は、崇徳院の管理下にあったと考えられる。また、待賢門院の御願寺である円勝寺についても、崇徳院が待賢門院流の長男として管理に関わっていたものと想定される。すでに指摘されているように、六勝寺の呼称や六勝寺検校といった全体の管理体制が成立するのは後白河院政期であり[16]、六勝寺が家長の下で一体経営される体制が完成するのは、後白河院政期のことであったと考えられよう。

すなわち、白河・鳥羽院政期に多数建設された邸宅や御願寺は、鳥羽院死去の時点では、皇位とともに伝領されるべきものと個別に伝領されるべきものとの選別が、いまだなされていなかったと判断される。鳥羽殿がいったん鳥羽院から美福門院に伝領されたのと同様に、最終的に六勝寺として一括された成勝寺・円勝寺も、鳥羽院が死去した段階では、個人の御願寺として個別に伝領される可能性があったということになる。

この点は、後白河院政期に建設された、後白河院御願寺である蓮華王院や、建春門院御願寺である最勝光院についても同様である。蓮華王院・最勝光院は院家型寺院であるが、六勝寺と同様に寺上卿・弁がおかれ、仏事には太政官機構が関与していたことが指摘されている[17]。しかし、蓮華王院は当初から太政官機構による運営が行われていたわけではなく、こうした体制に切り替わるのは後白河院政末期から建久三年一一月にかけての時期であることも、すでに指摘されている通りである(18)。また、すでに第二部第三章で見た通り、最勝光院では当初から寺上卿・弁がおかれていた一方で、建春門院の死後は高倉院から建礼門院へと個別に相伝されており、家長である後白河院の管理下に入るのは、平家の都落ち後のことである。

このように、後白河院政期においても、家長の地位とともに伝領される邸宅・御願寺は、いまだ確定の途上にあったといえる。これが最終的に確定し、ひとまとめにして次代の家長である後鳥羽天皇に伝領されたのが、後白河院死去の際の処分であった。こうして後鳥羽天皇に伝領された御願寺は、白河院の法勝寺、堀河院の尊勝寺、鳥羽院の最勝寺、後白河院の蓮華王院(19)、高倉院の最勝光院という、後鳥羽天皇の直系尊属にあたる、いわゆる「継体の君」の、公家沙汰として行われる追善仏事が開催される寺院を、すべて網羅している。これらの御願寺は、経済基盤としての役割よりも、王権の血統による正統性を明示する装置としての役割を担っていた。

後白河院は、鳥羽院の正統後継者であった近衛天皇の急死により、息子の二条天皇までの中継ぎとして即位したため、正統性に欠陥を抱えた、脆弱な王権として出発した(20)。こうした事情によって、血統による正統性を明示する存在の必要性を認識した後白河院は、そのための装置として六勝寺・蓮華王院・最勝光院を位置付け直し、次の家長となる後鳥羽天皇に処分したものと想定できよう。

本章の冒頭で取り上げた、鳥羽院と後白河院の所領処分に関する、九条兼実の評価の背景には、後白河院政期における、これらの御願寺・邸宅の性格変化という段階差が作用していると考えられる。すなわち、鳥羽院政期において、六勝寺や鳥羽殿は、いまだ皇位とともに継承されるという性格を確定されておらず、そのため、鳥羽院も自身の所領や御願寺をすべて美福門院に譲ったのであるが、後白河院政期以後に確定した、これらの御願寺や邸宅は皇位とともに継承されるべきものであるという認識に立つ九条兼実にとって、鳥羽院の処置は、あるべき姿から逸脱したものと映ったのである。

皇位とともに継承されるべき邸宅・御願寺という、後白河院によって規定された性格は、文永九年（一二七二）の後嵯峨院処分状の冒頭に「六勝寺幷鳥羽厩以下事者、依二治天下一、可レ有二其沙汰一」とあるように、この後も受け継がれてゆく。これらの邸宅・御願寺のうち、とくに法勝寺は、後鳥羽院政期以降も王家家長に重要視されるが、これらがとりわけ脚光を浴びるのは、後嵯峨院政の開始直後である。

後嵯峨院は、①鳥羽殿の修理と朝覲行幸の挙行[21]、②蓮華王院の修理および火災による焼亡後の再建[22]、③新日吉小五月会の興行[23]、④法勝寺阿弥陀堂焼失後の御幸による被害実検・再建[24]、といった事業を、同時並行で行っている。周知の通り、後嵯峨院は後高倉皇統の断絶という事態により即位したが、即位時にはすでに父の土御門院も死去しており、また、前家長の意思や上級貴族の合意によらず、鎌倉幕府によって擁立されたため、公家政権内での基盤の脆弱な王権として出発した。こうした状況は後白河院の即位時と共通するものであり、それゆえにこそ、後嵯峨院はこれらの事業を通じて、皇位とともに継承される邸宅・御願寺という後白河院によって付与された性格の再確認を行い、自己の王権の正統性をアピールする必要があったのである。

第二節　個別荘園群の伝領と王家家長

1　院政期の王家領の伝領と王家家長

本節では、皇位とは別に個別に伝領される王家領の伝領過程について分析を行う。「はじめに」で述べた通り、この問題に関しては、後嵯峨院政期までの王家領が女院によって皇統から分かれて継承されることを重視する伴瀬明美の見解や[25]、鎌倉期の王家の特質を、所領と天皇の追善仏事を相伝する「皇統」が皇統とは別に分立したことに見る近藤成一の見解が出されている[26]。本節では、「はじめに」で提示した問題設定の立場から、王家領の伝領過程について、荘園群ごとの伝領過程を時系列に沿って追う従来の形ではなく、各時点での王家家長の意図という観点から再検討を行い、これらの先行研究を批判的に検証したい。

鳥羽院の所領処分の構想は、正統の後継者と定められた近衛天皇が鳥羽院に先立って死去する、久寿二年（一一五五）を境に二分できる。近衛天皇死去以前の構想について考える上で、まず、鳥羽院政期に王家内部でまとまった荘園群を保持している人物を挙げると、第一節ですでに見た通り、家長である鳥羽院のほかに、自身の御願寺である成勝寺を持つ崇徳院と、母待賢門院から法金剛院と円勝寺を譲られた上西門院という、鳥羽院と待賢門院との間に生まれた二人が指摘できる。

ここで注目されるのは、第二部第一章ですでに見たように、崇徳院には近衛天皇が、上西門院には高松院が、それぞれ養子とされていることである。近衛天皇・高松院は、いずれも鳥羽院と美福門院との間に生まれた皇子女であるが、この点に関連しては、摂関家出身の后妃で、摂関家領の一部である高陽院領を保持した高陽院にも、鳥羽院と美福門院との間に生まれた叡子内親王が養子とされていることに、注目すべきであろう[27]（図13）。

鳥羽院自身の所領の大部分が、妻の美福門院と、その皇女である八条院とに伝領されることを考え合わせると、これらの養子女関係により、美福門院の産んだ皇女は、すべて経済上の基盤を獲得し、また、王家領は、すべて美福門院の産んだ皇子女に、すなわち、皇位継承者である近衛天皇と、その同母の内親王に、集中するよう設定されたということになる。さらにいえば、鳥羽院には他の女性との間に生まれた子も存在していたが、所領処分の対象

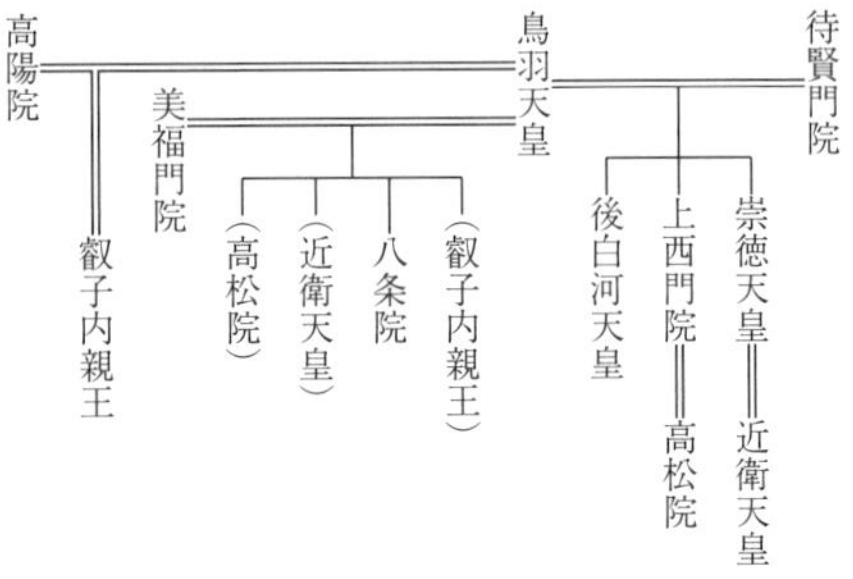

図13　鳥羽天皇関係系図1

は、美福門院所生の子に限定されていたということである。

このように、鳥羽院の当初の意図は、養子関係の設定を通じて、美福門院所生の皇子女に経済基盤を付与するとともに、近衛天皇とその同母の皇女の下に、荘園群を統合することにあったと想定できる。このことの意味する内容については後述する。

以上のような鳥羽院の構想は、久寿二年に近衛天皇が鳥羽院に先立って死去したため、修正を余儀なくされた。すでに第二部第二章で述べたように、近衛天皇に代わって待賢門院の産んだ皇子である後白河天皇が中継ぎとして即位し、その皇子で美福門院の養子となっていた守仁親王（二条天皇）が皇太子とされる。

こうした大きな状況の変化の中で注目されるのは、八条院が守仁の准母とされ、高松院が守仁の妃とされていることである。これらの准母・婚姻関係の設定から読み取れる、鳥羽院の皇位継承構想は、後白河天皇を中継ぎとして即位させ、守仁を皇太子と定め、さらに、守仁と高松院との間に皇子が生まれればその皇子を皇位に即けるという、三世代にわたるものであった（図14）。

そして、荘園群の伝領という点でも、これらの准母関係や婚姻関係により、八条院・高松院の継承した荘園群は、将来的に守仁の下に統合されるよう設定されたことになる。このように、近衛天皇の死後も、鳥羽院は引き続き、王家領が皇位継承者の下で統合されるよう意図していたのである。

ところが、これも第二部第二章で論じた通り、鳥羽院の死後、後白河院と二条天皇（守仁）が政治の主導権をめぐって争い、二条天皇は応保元年（一一六一）に後白河院の影響下にあった高松院を後宮から排除するにいたる。

さらに、永万元年（一一六五）には二条天皇が急死したため、鳥羽院の皇位継承構想は崩壊する。この結果、八条院とは直接の関係を持たない高倉天皇へと皇統が移り、八条院領は皇統外で伝領される存在となった。また、第二部第三章ですでに述べたが、治承元年（一一七七）に高松院が上西門院に先立って死去したため、高松院領は建春門院から高倉院・建礼門院へと伝領されたのち、後白河院に伝領され、また、上西門院領も後白河院へと伝領された(28)。先に見た後白河院の所領処分は、こうした過程を経た上で行われたのである。

続いて、後白河院の所領処分についての分析に移るが、後鳥羽天皇以外に処分された所領の内訳をみると(29)、まず、宣陽門院が六条殿・長講堂以下を伝領している。すでに知られているように、これらは待賢門院から上西門院へと伝領された法金剛院領等を含むものであり、後白河院領の大部分を占める（図15）。

そのほか、殷富門院が押小路殿・金剛勝院を、式子内親王（前斎院）が大炊殿・常光院に加えて荘園一、三ヵ所を、好子内親王（前斎宮）が花園殿を、それぞれ譲られている。三者は、いずれも藤原成子所生の皇女である。このうち、ある程度まとまった荘園が付属するのは殷富門院の伝領した金剛勝院であるが、これについては「彼御後可レ為二主上御領一(30)」つまり、殷富門院の死後は後鳥羽天皇の御領とするよう定められており、これは王家における一期分相続の早い事例である。殷富門院は後鳥羽天皇の准母とされており(31)、一期分と定められているのもそのためと考えられる。

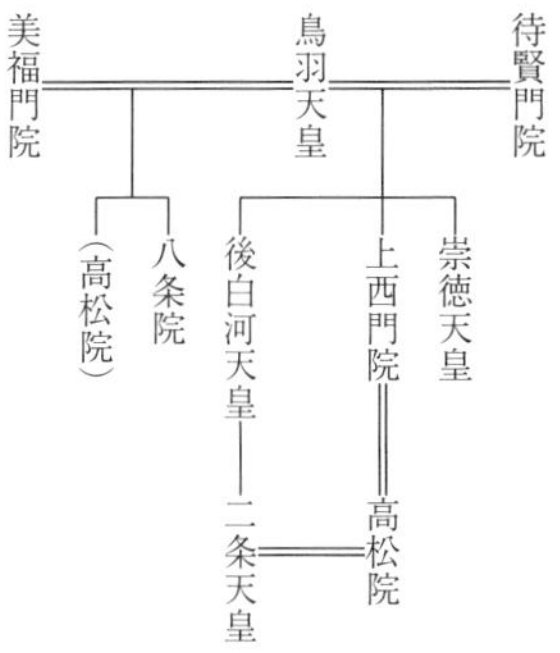

図14　鳥羽天皇関係系図2

後白河院の所領処分の特徴は、対象者が、丹後局所生の皇女と藤原成子所生の皇女に限定されていることである。こうした、特定の后妃の所生の子への選択的処分は、美福門院所生の子に集中的に処分が行われた鳥羽院の事例

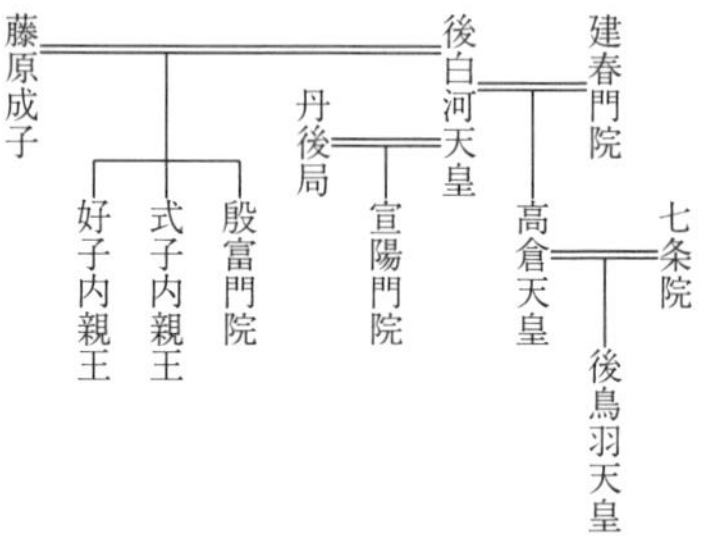

図15　後白河天皇関係系図

との共通点と評価できよう。

また、皇位継承と所領処分の関係については、後白河院政期の複雑な政治過程の結果、皇位が後白河院の孫世代である後鳥羽天皇に継承されたため、皇統とは別に所領が伝領されることとなった。このことと関連して注目されるのは、後鳥羽院政期の前半に、相次いで設定された養子関係である。

まず、正治元年（一一九九）に雅成親王が宣陽門院の養子とされ(32)、次いで、建仁元年（一二〇一）に皇太子守成親王（順徳天皇）が殷富門院の養子とされた(33)。二人は、ともに後鳥羽院と修明門院との間に産まれた親王であり、ここからうかがわれる後鳥羽院の意図は、後白河院領の主要な伝領者を養母とすることで、修明門院所生の子に王家領を継承させることにあったと考えられる（図16）。

承久の乱での敗戦により、後鳥羽の構想は崩壊するが、承久の乱後においても、後鳥羽院の母である七条院が死去すると、隠岐に配流されていた後鳥羽院の意向によって、七条院領は修明門院に伝領され、さらには順徳院の子である善統親王へと伝領された(34)。こうした、修明門院の子孫に所領を継承させるという後鳥羽院の方針は、すでに後鳥羽院政初期の段階から、構想されていたのである。

このことと関連して注目されるのは、正治二年（一二〇〇）に、守成親王が皇太子とされていることである。守成の立太子により、守成が正統の皇位後継者であることが明らかにされ、当時皇位にあった、承明門院所生の異母兄である土御門天皇は、傍系となることが確定した。後鳥羽院の意図は、こうした状況に連動して、主要な王家領も、皇位とともに修明門院所生の皇子たちに継承させることにあった。

なお、すでに多くの研究がなされているように(35)、すでに後白河院政期から、皇統から離れた独自の存在となっていた八条院領については、建久六年（一一九五）に、後鳥羽院と宜秋門院との間に生まれた春華門院が八条院の養子とされ、相続予定者となっている。しかし、これは先に見た後鳥羽院の構想が具体化する以前の事例であり、また、その後の八条院領伝領をめぐる交渉が、八条院と九条兼実との間で行われていることから(36)、この養子関係の設定を主導したのは、春華門院の外祖父である関白九条兼実ではないかと考えられ、後鳥羽院自身の構想を考える素材としては除外するべきであろう。

その後、八条院領の相続予定者となっていた以仁王女子が元久元年（一二〇四）に死去し、建暦元年（一二一一）には八条院・春華門院が相次いで死去したため、結果的に、八条院領は後鳥羽院に継承されたと推定されている。後鳥羽院は八条院領の伝領者をとくに決定しておらず、この点からも、八条院領は、ここでの考察の対象外とする。

以上、鳥羽院・後白河院・後鳥羽院の三代にわたって、王家家長の、所領処分についての構想を明らかにしてきた。ここから導き出される結論は、第一に、王家家長は、王家領を、特定の后妃の所生の皇子女に、経済基盤として伝領させようと志向している、ということである。特定の后妃とは、基本的に

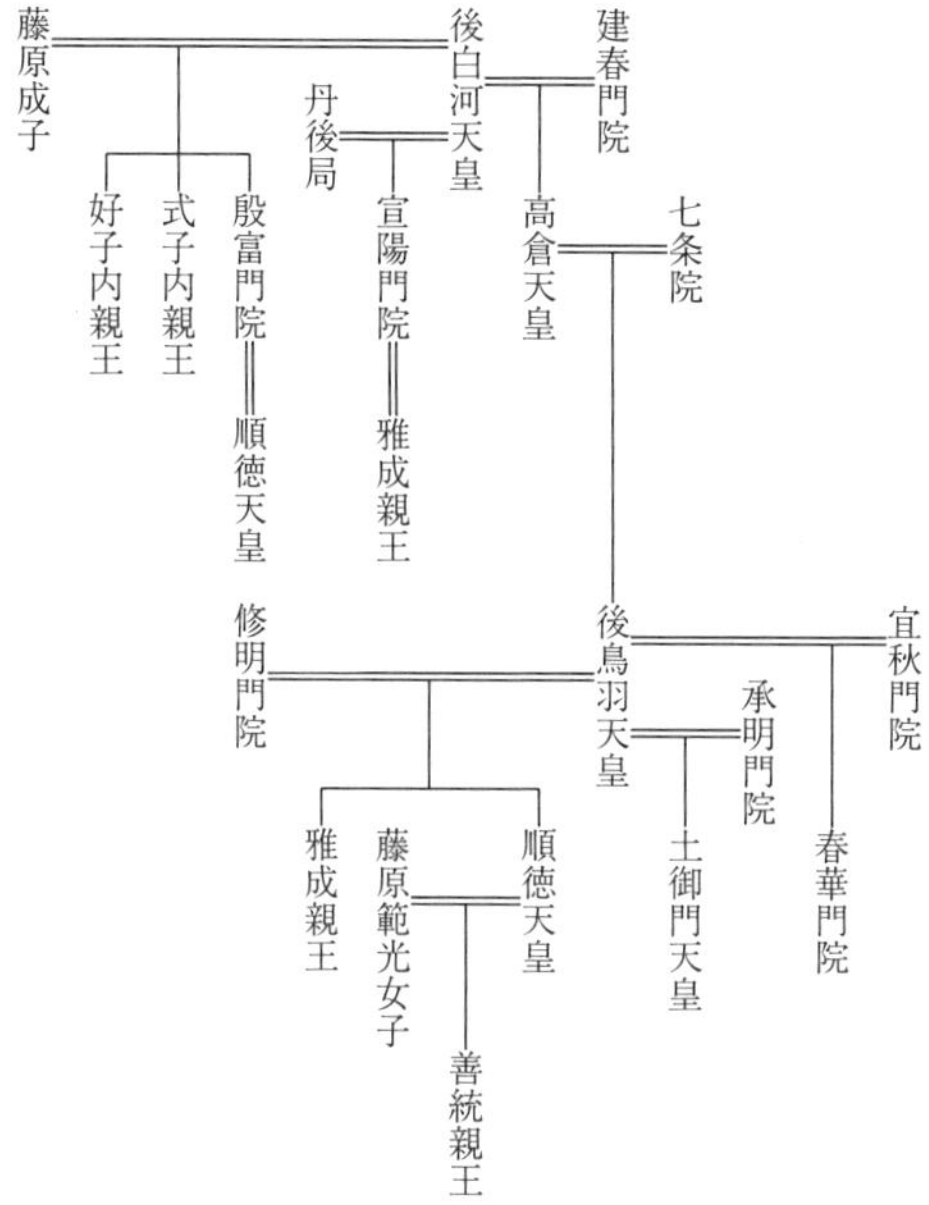

図16　後鳥羽天皇関係系図

は次期家長の母親であり、この場合、所領の伝領者は、次期家長の同母の兄弟姉妹となる。摂関期の天皇の個人財産は、后妃・皇子女・その他関係者に広く分配されており[37]、これに対して、院政期には家長が自らの意思で相続者を選択的に決定している点が、摂関期との段階差と評価できる。

第二に、王家内部で設定される養子女関係は、基本的に、皇位継承者およびその同母の皇子女に、王家領を集中させるよう作用していることが指摘できる。なお、従来、王家領が皇統から分散して伝領されることが指摘されてきたが、後述する通り、これは、むしろ皇統そのものの不安定さに起因する現象である。とくに、その代表とされてきた八条院領の事例は、後白河院の家長としての立場の弱さに起因する特異例であり、これを一般化することはできないと考える。

ここで、院の家の外にある、未婚内親王の持つ荘園群の伝領と、王家家長との関係について論じておく。未婚内親王に実子は存在しえないので、荘園群の継承者を指定するためには、必然的に、養子女を迎える必要がある。その際、荘園の本家としての権威が必要である以上、伝領者と王家家長の親疎にかかわらず、現実には、未婚内親王は王家家長の皇子女を養子とせざるをえない。これは、八条院領の事例において、八条院が意中の後継者であった以仁王女子への内親王宣下を望んでも実現せず、春華門院を以仁王女子の次の相続予定者に指定し、以仁王女子の所領処分権を事実上制限しなければならなかったことからも明らかである[38]。

後鳥羽院の皇子女を養子としている、八条院以外の未婚内親王である宣陽門院・殷富門院も、ともに後鳥羽院にとっては叔母にあたり、後鳥羽院が直系尊属として家長権を行使しうる立場にはない。にもかかわらず、後鳥羽院が自身の皇子を選択的に養子とすることができたのも、八条院の場合と同様に、荘園支配における本家として、王家家長の皇子女としての権威が必要だったからであろう。先に述べた、上西門院が高松院を養子とした事例についても同様である。一期分と定められていない皇統外の未婚内親王の所領であっても、将来の伝領者の選定権は、事実上、王家家長の影響下にあったと評価するべきであると考える。それは、家長権によって実現されたのではなく、荘園の本家として、王家家長の皇子女の権威が必要とされた結果であった。

王家家長が、自身の皇子女を、王家領荘園群を保持する存在の養子とする理由は、一つには、彼らに財政基盤を用意することにあるが、それだけではない。鳥羽院政期の王家領増大は、本家である院・女院と、預所となる貴族たちとの間に、天皇―臣下と別原理の、継続的な奉仕の体系を形成した(39)。こうした状況で、伝領者が王家家長の影響下にある場合はとくに問題は生じないが、八条院領の人的組織が以仁王挙兵の基盤となったように(40)、伝領者が王家家長の影響外にある場合、そのことが政治的問題を引き起こす可能性がある。特定の后妃の所生の皇子女に限定して設定された養子関係は、王家領を王家家長の影響下に統合し、こうした問題を未然に防ぐ役割を果たすよう期待されていたものと考えられる。

すでに、先行研究で、八条院・安嘉門院の事例について、独自の所領経営・賦課・裁判が行われてきたことが指摘されているが(41)、一方で、建春門院のような同居の后妃に対しては共同経営が行われていたことも指摘されている(42)。これに付け加えて指摘したいのが、女院領の共同経営は、王家家長と同母の姉妹との間でも見られることである。具体例としては、上西門院の法金剛院領について、後白河院が越前国河和田庄の荘官らに濫妨停止を直接命じていることや(43)、筑前国怡土庄における地頭の停廃を、後白河院が上西門院の意思ではなく自らの意思で源頼朝に要求していることなどが指摘できる(44)。第二部第一章で述べた、上西門院領と崇徳院との関係も、同様に理解できよう。

同母の皇子女は、母の存命時にはその下で養育され、母の死後は追善仏事を共有する。共同経営の事例は、こうした親族構造の家産経営への表れであり、上西門院死後に所領が後白河院に伝領されたことから考えても、皇統外で伝領されている荘園群と比較して、直接的な家長の影響力が大きいことは明らかである。王家の家長が、所領の相続を同母の子供たちの範囲で行おうとした背景には、こうした事情もあったと考えられる。

2　承久の乱以後の王家領伝領

それでは、こうした王家領の伝領における王家家長の志向は、その後いつまで継承されるのだろうか。すでに述べたように、伴瀬明美は、皇統から分かれて継承されていた女院領が、後嵯峨院政期に皇統に集積されたことを指摘している。また、これは中世荘園制の枠組みそのものに関わる問題であるが、高橋一樹は、承久の乱の結果、鎌倉幕府が王家領の大部分を没収し返付したことで潜在的な上位者となったことにより、領有体系の変動が起こったことを重視する見解を出している(45)。これらの点を踏まえた上で、ここでは承久の乱後の王家領伝領について検討を行う。

周知の通り、承久の乱により後鳥羽院が隠岐に配流されると、鎌倉幕府によって後高倉院・後堀河天皇が擁立され、後鳥羽院の下にあった荘園群も、すべて後高倉院に返付された。そして、後高倉院が貞応二年（一二二三）に死去すると、後高倉院の所領のうち、旧八条院領は安嘉門院に、それ以外の所領は式乾門院に伝領された。後高倉院の皇子女を産んだ后妃は北白河院しかいないので当然だが、安嘉門院・式乾門院は、ともに後堀河天皇の同母の姉である（図17）。

次に、後堀河院政期には、これは従来注目されてこなかったことであるが、後堀河院と藻壁門院との間に生まれた、四条天皇の同母妹である暐子内親王が、天福元年（一二三三）に、八条院領の継承予定者として、安嘉門院の養子とされている(46)。また、すでに知られているように、式乾門院は四条天皇の准母とされている(47)。さらに、長講堂領以下の宣陽門院領は、宣陽門院の養女で、一時、後堀河天皇の中宮とされた鷹司院が相続予定者とされていたが、後堀河院没後の嘉禎三年（一二三七）、後堀河院の遺志によって、鷹司院と四条天皇との間に養子関係が設定され、鷹司院の一期の後は、四条天皇が所領を継承することとされた(48)。

　四条天皇と暉子内親王がともに早世したために、これらの伝領は実現することなく終わったが、後堀河院が藻壁門院所生の子に荘園群を伝領させようとしていたことは確実であり、これが実現した場合、すべての王家領荘園は、彼らの下で再び統合される。以上のように、後高倉院・後堀河院は、ともに、前代に引き続き、養子関係を通じて、次期家長の同母の皇子女に所領を選択的に継承させるという志向を持っていた。

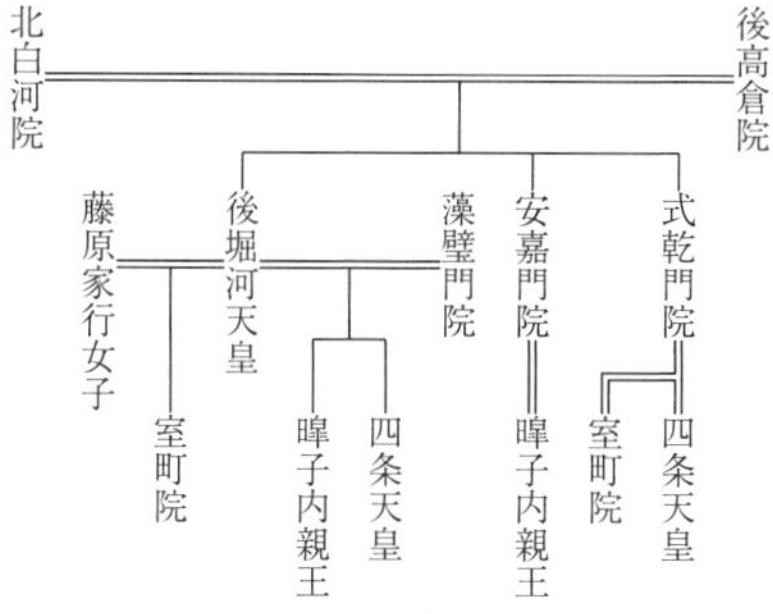

図17　後高倉院関係系図

　結局、後高倉皇統のすべての所領は、四条天皇の異母妹である室町院が予定継承者とされるが、年長であるにもかかわらず、暉子内親王の死後に内親王宣下を受けていることから(49)、室町院が暉子内親王の死によって急遽用意された存在であることは明らかである。

　続いて、四条天皇の急死により擁立された、土御門皇統の事例についてであるが、たびたび触れたように、伴瀬明美によって、後嵯峨院政期は王家領伝領の転換期とされており、その要因は、鎌倉幕府から後鳥羽院領を返付された後高倉院と異なり、後嵯峨院が経済基盤となる荘園を持たなかったためであるとされている。伴瀬の指摘する、王家領伝領の転換の具体的な内容は、女院領における一期分相続の否定であり、その転換を示す事例として取り上げられたのは、宣陽門院領の伝領問題である。すでに見た通り、宣陽門院は鷹司院を予定継承者に指定していたが、死去の前年である建長三年（一二五一）に、後嵯峨

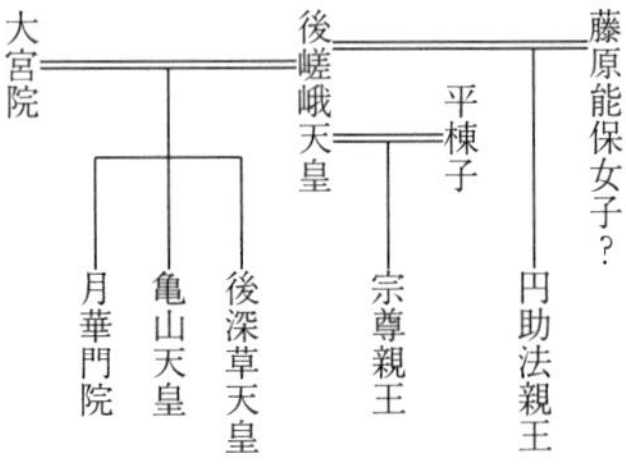

図18　後嵯峨天皇関係系図

院の意向に従って鷹司院の長講堂領一期相続は否定され、長講堂領は後深草天皇に処分されて、鷹司院には旧上西門院領のみが一期分として譲られた(50)。

ところが、宣陽門院領とほぼ同時期に行われた、式乾門院が伝領した後高倉院領の処分では、その様相は大きく異なる。宝治元年（一二四七）に式乾門院は宗尊親王を養子とし(51)、翌年には室町院が宗尊親王を養子とした(52)。さらに、翌年の建長元年（一二四九）には式乾門院の譲状が作成され、室町院の一期分相続した所領は、宗尊親王に伝領させるよう決定された(53)。すなわち、式乾門院領の処分の際には、後嵯峨院は室町院の一期分相続を否定していないのである。

なお、のちの相論に際して、建長元年の式乾門院譲状は翌年破棄されたと主張されており(54)、結果としては、建長三年に式乾門院が死去すると、室町院が所領を伝領し、翌建長四年（一二五二）に、宗尊親王は征夷大将軍として鎌倉に下向した。その後、両統迭立期の正安二年（一三〇〇）に室町院が死去した際、両統はそれぞれ、宗尊親王の娘である永嘉門院の一期分相続を否定するよう鎌倉幕府に訴え出て、所領を自らのものとしようと働きかけている(55)。このことと比較すると、後嵯峨院の対応は、格段に穏当なものであり、そこには明らかな段階差が認められる。

このように考えた場合、宣陽門院領の処分に関して注目されるのは、後嵯峨院が、所領のすべてではなく、長講堂領を後深草天皇に伝領させていることである。第二部第一章で述べたこととも関係するが、後嵯峨院は、自己の王権の正統性を主張するために、後鳥羽院・土御門院といった祖先の追善仏事を、とくに重視している(56)。後嵯峨院が長講堂にこだわった理由も、直系の祖先である後白河院追善仏事を行う長講堂を確保するという、政治的事情による特例であったと考えるべきであろう。

なお、宗尊親王は後嵯峨天皇の即位後最初に生まれた皇子であり、皇位継承の予備候補者として、出家させずにおかれた。彼が室町院の養子とされた理由は、その財政基盤の必要性からであると考えられ、後嵯峨院の死去時の所領処分では、宗尊親王の母である准后平棟子にもいくつか荘園が譲られていることも[57]、こうした関係からと想定できる。さらに、後嵯峨院には即位前に産まれた長男の円助法親王があり、後嵯峨院の遺領処分に際しては円助法親王にも一部の所領・御願寺が譲られている[58]。このように、後嵯峨院の遺領処分の際には、正統の皇位継承者とその母后以外にも、他の后妃と所生の皇子が相続の対象とされるという特異性が見られる。こうした特異性は、いずれも、後嵯峨院が本来は皇位継承から外れた存在であり、後高倉皇統の断絶によって急遽即位したことに起因している（図18）。

しかし、こうした特異さが見られる一方で、これも従来は注目されてこなかった事例であるが、安嘉門院の伝領していた八条院領に関して、後嵯峨院は、大宮院との間に生まれた後深草天皇同母妹である月華門院を、宝治二年（一二四八）に安嘉門院の養子としている[59]。月華門院は、安嘉門院や後嵯峨院に先立って文永六年（一二六九）に死去するが、これも、おそらくは八条院領の継承を目的としたものと考えられる。以上のように、後嵯峨院もそれまでの歴代王家家長と同様に、基本的に、養子関係を通じて次期家長の同母の子に所領を選択的に継承させるよう志向していたと評価できるのである。

第三節　中世前期の政治構造

1　院の家長権と政治構造

以上見てきたように、中世前期の王家家長は、皇位と王家領をひとまとまりのものとして次代に継承させようとする志向性を、一貫して持ち続けていた。しかし、現実には、家長の意思とは逆に、王家領はしばしば皇位とは分離した形で継承されている。ここまで論じてきた内容を踏まえ、本節では、皇位継承と王家領伝領が乖離する理由や、中世前期の院の家長権のあり方とその政治的影響を論じ、さらに、当該期における公家政権の特質や政治構造の問題を明らかにしたい。

「はじめに」で述べた通り、後三条天皇以降、家長である院・天皇は、皇位継承者決定権・婚姻決定権・財産処分権を保持していたことが、すでに明らかにされている。これにより、院は家長として皇位継承者を決定し、婚姻関係も決定することで、次世代以降の院・天皇の家の構成を設計した。さらに、鳥羽院政期に王家領が増大すると、家長である院・天皇は、自身の財産の処分に加えて、自身の家の外に存在する女院などの荘園群についても、自身の皇子女を養子とすることで、帰属先を基本的に皇位継承者とその同母の子女へと集中させるよう設定した。

従来、中世前期において、家職や家領といったものが男子に嫡系相承される中世的な「家」が形成されることが明らかにされているが、以上のような院の家のあり方を一般貴族家と比較した場合、三つの大きな相違点が存在する。第一に、皇位と皇太子位とによって、幼少時から嫡流を制度的に明示することが可能であることである。第二に、正妃を決定することにより、将来の皇位継承者を、正妃所生の皇子に指定することが可能であることである。

第三に、所領の大部分が、嫡子である皇位継承者ではなく、それ以外の皇子女に伝領される点である。

このうち、前二つの条件により、家長が複数の世代にわたって皇位継承のあり方を指定することが可能となり、一代の家長に限定すれば、皇位の嫡系継承が実現した。ところが、全体として考えた場合には、以上の条件は皇位継承の不安定要素として作用したのである。その理由は、第一に、当然のことではあるが、皇位や財産の継承予定者とされた人物の早世などによる予定変更がしばしば生じたことである。

第二の理由は、婚姻関係の破綻である。鳥羽天皇と中宮藤原璋子（待賢門院）(60)、後白河天皇と中宮藤原忻子(61)、二条天皇と中宮姝子内親王（高松院）(62)、後鳥羽天皇と中宮九条任子（宜秋門院）(63)のように、家長が生前に定めた婚姻関係は、家長の死後にしばしば破綻をきたしている。こうした婚姻関係の破綻の原因は、院の設定した次世代の枠組みが、そこから利益を得る人間と不利益を被る人間とを必然的に生み出し、院の死去後に、残された枠組みを改変しようとする側と、維持しようとする側との間に、軋轢が生じることにある。

多くの場合において、枠組みを改変しようとするのは新家長である。その理由は、河内祥輔の述べるような単なる感情的な理由ではなく(64)、家長権の行使により権威を高め、独自の王家を構成しようとする、政治的目的によるものであったと考えられる。

しかも、鳥羽院死去後に家の構成を維持しようとしたのが後白河院であり、改変しようとしたのが二条天皇であったように、改変を目論むのは、必ずしも新家長に限られるわけではない。重要な点は、家長が複数の世代にわたる家の構成を決定することが可能となったために、後の世代において、家内部での軋轢が構造的に発生するようになったことである。

第三の理由は、成人天皇の退位である。院政は、幼少で政務を遂行できない天皇を、院が親権をもって後見することを前提とするため、成人天皇を退位させる必要が生じる。この場合、白河院が鳥羽天皇を退位させ、崇徳天皇を即位させた事例のように[65]、成人天皇に正妃所生の皇子があり、退位後の院政が保証されている場合でさえ、家長である院と天皇との間で軋轢が生じることは避けがたかった。

まして、在位中の天皇に皇太子となるべき皇子が存在しなければ、事態はよりいっそう深刻な問題となった。この場合、天皇を退位させるためには、必然的に皇太弟が立てられることとなる。皇太弟が即位した場合、摂関期であれば兄弟双方の子孫が皇位に即くが、院政期においては院政を行うためには院が天皇の直系尊属であることが必要であるため、皇太弟が立てられることは即、皇統から外れ将来の院政を否定されることを意味する。それゆえに、正妃所生の皇子の不在という状況は、天皇を退位させようとする院と、皇太弟が立つことを避けたい天皇との間で、激しい争いが生じる原因となったのである。待賢門院派と美福門院派の対立の結果、待賢門院が出家に追い込まれた崇徳天皇の退位[66]や、高倉天皇擁立の動きをきっかけに、二条天皇が父後白河院の院政を排除した二条親政の成立[67]、後白河院が皇子を高倉天皇の養子として皇位に即けようとしたために生じた鹿ケ谷事件など[68]は、こうした事例として理解できる。

以上の理由から、院の家長権の強化は、結果的に、家長交代時の混乱の構造化につながった。白河院政後期、鳥羽院政期、後鳥羽院政期といった、対立皇統のない家長の地位の安定期においては、家長は比較的自由に皇位継承・婚姻・養子関係を設定し、次世代の家の構成や王家領の帰属先を決定することが可能である。しかし、後白河院政期から後鳥羽親政期や、後高倉皇統の各時期、後嵯峨院政の初期など、家長が不在であったり、家長の地位が不安定であったりした場合には、王家内部で家長を補佐したり、あるいは、王家の外部から介入したりする存在が必要となる。具体的には、王家内部の存在の場合、後白河院政期の美福門院や、後高倉皇統における北白河院[69]といった、母后・後家がおもな事例であり、やや時代が下ると、後嵯峨院政初期における仁助法親王のように[70]、家長の同母兄である法親王による補佐の事例も見られるようになる。これに対し、外部からの介入・代行者としては、二条親政期の藤原忠通、後白河院政期の平清盛や、後鳥羽親政期の九条兼実・源通親、後高倉皇統期における九条道家などが、具体的に想定できる。

問題は、こうした王家外部の存在が、権門としての王家に介入する場合、婚姻関係をその回路とする必要があることである。この点は、初期の鎌倉幕府の場合であっても同様であり、源頼朝による大姫と三幡の入内問題も、こうした当該期の王家の特質に規定された行動と評価できる。大姫の入内工作が後白河院の存命時からすでに開始されていることは、すでに指摘されている通りだが[71]、後白河院は、すでに建久元年（一一九〇）に、九条兼実の娘任子を、後鳥羽天皇の中宮としている。後白河院死後に大姫の入内が実現した場合、それは後白河院の設定した次代の家の枠組みや皇位継承のあり方の改変、すなわち後白河院の家長権の否定となる。結局、後白河院の設定した枠組みは、建久九年（一一九八）の土御門天皇即位によって変更され、主導した源通親が権勢をふるうが、後鳥羽院は成人とともに家長権を確立すると、土御門天皇に代えて順徳天皇を立太子させ、通親の設定した枠組みを改変し、自らの望む家を構築したのである。

摂関期においては、藤原北家や賜姓源氏の有力者たちによって後宮が構成され、その中で誰が男子を産むかが皇位の行方を決定していた[72]。これに対し、院政期には、院の家長権が確立された結果、婚姻関係の設定そのものが、家長権分有者の選択を意味した。この点で、天皇の婚姻関係の持つ意味合いは、摂関期と院政期で大きく異なっており、同列に評価することはできない。

2　王家の家長権喪失と両統迭立

さて、すでに指摘されているように、承久の乱での勝利により、鎌倉幕府は皇位継承や王家領の領有に関して、院の上位に位置することとなった。これは、院の家長権が相対化されたことを意味し、これ以後、幕府は、婚姻関係に依拠することなく、家長権へ介入することが可能となった。周知の通り、仁治三年（一二四二）の後高倉皇統の断絶に際し、九条道家が順徳天皇の皇子忠成王を皇位に推したのに対し、幕府が土御門天皇の皇子である後嵯峨天皇を擁立したのがその現れであることは、疑いようもない。

ただし、これは皇統そのものの断絶という特異な事態に際してのことであり、通常の皇位継承において、幕府は、院・天皇や家長代行からの通告を基本的に追認するにとどまっている。また、史料上で見える限り、皇太子の践祚に際しては、必ず事前に幕府に通告が行われるが、立太子に際しては、通告しない事例も見受けられる。立太子の通告が行われていない四条天皇・後深草天皇は、いずれも、その時点での正妃所生の最初の男子であり、婚姻関係の設定された時点で、男子が誕生すれば皇位継承者とされることは既定の方針であるから、あらためての通告は必要とされなかったのだと考えられる。そもそも、正妃の選定に際して鎌倉幕府への通告は確認できないことから、承久の乱後においても、幕府は、婚姻関係と皇位継承者の決定とに関与する意図は基本的になかったと評価するべきである。

後嵯峨院は、後深草天皇の皇太弟亀山天皇を正元元年（一二五九）に即位させ、文永五年（一二六八）には世仁親王（後宇多天皇）を立太子させた。これにより、後嵯峨院は、先に皇位に即けた後深草を嫡流から外し、亀山・後宇多を嫡流に据えたのであり、これは、まさに家長権の行使による恣意的な家の改変といえよう。幕府もこれを追認しており(73)、後嵯峨院政期までは、幕府の皇位継承者決定への介入は限定的であったと評価できる。

その後、後嵯峨院死後の文永一一年（一二七四）に後宇多天皇が即位すると、幕府の介入によって、建治元年（一二七五）に後深草院の子である熙仁親王（伏見天皇）が皇太子に立てられ[74]、両統迭立が開始する。鎌倉幕府が通常の立太子に介入するのは、この際が初めてであった。その後の両統迭立期においてすら、鎌倉幕府の皇位継承者決定への介入姿勢は消極的であることも、すでに周知の通りであるが、現実に幕府の介入によって皇統が分裂した以上、両統がそれぞれ幕府の裁許を求め、幕府がそれを調停せざるをえなくなるのも、当然の結果である。承久の乱後に幕府の持った皇位継承者選定権は、長く潜在化したままだったのであり、建治元年の介入こそが、公武関係を大きく変容させ、王家における皇位継承の自律性を消滅させたのである。

また、幕府が、両統迭立以前から、王家領内部における所領・所職をめぐる紛争への介入を行っていることは、高橋一樹の指摘の通りだが[75]、王家領荘園の伝領そのものについて、両統迭立以前に、鎌倉幕府が介入し裁許を下した事例はない。幕府によって王家領の帰属先が決定された最初の事例は、両統迭立開始後の弘安六年（一二八三）に、八条院領の室町院による一期分相続が否定され、亀山院の相続が認められたことである[76]。さらに、室町院が式乾門院から伝領していた八条院領以外の後高倉院領についても、正安二年（一三〇〇）に室町院が死去すると、幕府は翌年に、一期分を宗尊親王の女子である永嘉門院に、御永領を亀山院と伏見院の折半とするよう裁定を下し、さらにその翌年には、伏見院の訴えにより永嘉門院の一期分相続が否定され、一期分も亀山院と伏見院で折半された[77]。

それでは、両統迭立が王家領伝領に与えた影響はどうであろうか。両統迭立の開始後、持明院統では家長の院が長講堂領を保持し、嫡子が法金剛院領を保持したこと、大覚寺統では家嫡の座自体が争奪の対象となり、その勝者が結果的に全荘園群を掌握したことが、金井静香によって指摘されている[78]。両統迭立以前の王家領は、伝領者である皇子女のための経済基盤としての役割が大きかったが、両統迭立後は、両統それぞれの家長自身の経済基盤としての役割が大きくなり、家長自らが荘園群の中核を確保したのである。これが従来の王家のあり方とは大きく異なる点であるが、その原因は、皇統の並立によって、治天ではない皇統の家長が常時存在する状況が生み出され、財政基盤や付随する人的組織としての荘園群を、家長自身が必要としたことによると考えられる。すでに知られている、両統迭立期に頻発する女院領の伝領をめぐる争いも、こうした要因で理解するべきであると考える。

おわりに

伴瀬明美によって、王家領の伝領形態に関する画期として評価されてきた後嵯峨院政期であるが、近年では美川圭によって、後嵯峨院政期を院政そのものの画期とし、白河院政期から後鳥羽院政期を「専制的な院政」、後嵯峨院政期以降を「制度化された院政」とする評価が提示されている(79)。その具体的な段階差としては、「専制的な院政」が、王家家長の皇位選定権に依拠して朝廷の公的機関を操縦し、最大権門としての王家の権力によって他権門を圧伏する、専制的だが制度的ではない脆弱さを持つものであるのに対し、「制度化された院政」においては、院伝奏・院評定制・関東申次等の制度が国政機関として位置付けられ、本来は私的な文書である院宣が公的な文書としての性格を持つにいたる、というものである。

両統迭立期に、院政を担当する治天の君の権能として重視されてきたのは、徳政の興行と、訴訟制度の整備である。鎌倉幕府による家長権の相対化が院政の弱体化を促し、それに代わる正統性を保証するものとして、治天としての統治が追求されるという面があるのは確かであろう。しかし、すでに指摘されているように、公家裁判の制度化の背景には、貴族間の所領・所職をめぐる争いや、同族内の家産をめぐる争いの頻発、別相伝の進展といった事情が存在する(80)。また、公家裁判は本家による権門裁判としての院裁判権を当然前提とするものであるが、その枠組みを超越したところに特質があることも、従来指摘されている通りである(81)。さらに、後嵯峨院政期の院評定制の前段階として九条道家による殿下議定の存在が指摘されているように(82)、公家の訴訟制度の整備の問題は、院の家長権の喪失と直結させずに理解するべきであると考える。

治天の君権力が公家社会に与えたインパクトとしては、その制度的成立の問題よりも、むしろ、両統迭立によって引き起こされる裁許の変更・相対化といった問題や、一方の皇統に密着することで紛争解決を有利に導こうとする廷臣の存在による系列化の進行、あるいは大多数の公家が治天の地位の異動にともない両統の間を右往左往する状況の発生といった、両統迭立への移行後の影響を重視するべきであろう(83)。その意味でも、政治史分析の上では、後三条天皇によって王家の家長権が確立され、鳥羽院政期の王家領集積により権門化した王家の存在を軸に、公家政権の特質や政治構造を後嵯峨院政期まで一体のものとして見る視角が、有効であると考える。

これに対し、両統迭立とは、すなわち、院の家長権の否定であり、権門としての王家の独自性の喪失と評価できる。両統迭立以後、鎌倉幕府は、王家の外部にあって、皇位継承や王家領の帰属を決定する裁定者の立場に立ち、各皇統の家長は、各皇統内部で家長権を限定的に行使する存在にとどまった。その後、後醍醐天皇は、鎌倉幕府を消滅させることで家長権の回復を目指し、王家の再建を試みるが、建武の新政の崩壊によって、その試みは失敗に終わり、室町幕府下での公武統一政権の形成へと向かっていく。その政治構造については、また別の論理から読み解く必要があるであろう。

注

(1) 黒田俊雄「中世の国家と天皇」(『黒田俊雄著作集第一巻　権門体制論』法藏館、一九九四年、初出一九六三年)。

(2) 書籍のみを参考に掲げる。橋本義彦『平安貴族社会の研究』(吉川弘文館、一九七六年)、棚橋光男『中世成立期の法と国家』(塙書房、一九八三年)、五味文彦『院政期社会の研究』(山川出版社、一九八四年)、本郷和人『中世朝廷訴訟の研究』(東京大学出版会、一九九五年)、元木泰雄『院政期政治史研究』(思文閣出版、一九九六年)、美川圭『院政の研究』(臨川書店、一九九六年)、鈴木茂男『古代文書の機能論的研究』(吉川弘文館、一九九七年)、下郡剛『後白河院政の研究』(吉川弘文館、一九九九年)、白根靖大『中世の王朝社会と院政』(吉川弘文館、二〇〇〇年)。

(3) 元木泰雄「治天の君の成立」(注(2)元木前掲書所収)、伴瀬明美「院政期における後宮の変化とその意義」(『日本史研究』四〇二、一九九六年)。

(4) 栗山圭子「後院からみた中世王家の成立」(『中世王家の成立と院政』吉川弘文館、二〇一二年、初出一九九八年)。

(5) 竹内理三「院政」(藤木邦彦・井上光貞編『体系　日本史叢書一　政治史一』山川出版社、一九六五年)。

(6) 伴瀬明美「院政期～鎌倉期における女院領について――中世前期の王家の在り方とその変化」(『日本史研究』三七四、一九九三年)、野口華世「安嘉門院と女院領荘園――平安末・鎌倉期の女院領の特質」(『日本史研究』四五六、二〇〇〇年)。

(7) 注(6)伴瀬前掲論文。

(8) 近藤成一「鎌倉幕府の成立と天皇」(『講座　前近代の天皇　一　天皇権力の構造と展開　その一』青木書店、一九九二年)。

(9) 野口華世「中世前期の王家と安楽寿院――女院領と女院の本質」(『ヒストリア』一九八、二〇〇六年)。

(10) 川端新「院政初期の立荘形態」(『荘園制成立史の研究』思文閣出版、二〇〇〇年、初出一九九六年)。

(11) 『明月記』建久三年三月一四日条。

(12) 『台記』久寿二年八月一五日条。

(13) 吉江崇「平安時代における天皇制の展開と後院」(『日本史研究』五五八、二〇〇九年)。
(14) 長宗繁一・鈴木久男「鳥羽殿」(古代学協会・古代学研究所編『平安京提要』角川書店、一九九四年)。
(15) 海老名尚「中世前期における国家的仏事の一考察——御願寺仏事を中心として」(『寺院史研究』三、一九九三年)、遠藤基郎「天皇家王権仏事の運営形態」(『中世王権と王朝儀礼』東京大学出版会、二〇〇八年、初出一九九四年)。
(16) 上島享「「六勝寺」の成立とその意義」(第九回平安京京都集会レジュメ、一九九九年)。
(17) 注(15)遠藤前掲論文。
(18) 遠藤基郎「院政期の天皇家王権仏事——天皇家王権仏事の事件史(その二)」(注(15)遠藤前掲書所収、二〇〇八年)。
(19) 後白河院の追善仏事は、当初は蓮華王院でも行われる予定であった(注(18)遠藤前掲論文)。
(20) 元木泰雄「院政期政治構造の展開」(注(2)元木前掲書所収、初出一九八六年)。
(21) 『葉黄記』宝治二年八月二九日条、『岡屋関白記』建長二年一〇月一三日条。
(22) 『葉黄記』寛元四年閏四月二〇日条。
(23) 『葉黄記』宝治元年五月九日条。
(24) 『葉黄記』宝治元年八月二九日条。
(25) 注(6)伴瀬前掲論文。
(26) 注(8)近藤前掲論文。
(27) 『台記』天養元年一一月二九日条。
(28) 蘆田伊人編『御料地史稿』(帝室林野局、一九三七年)。
(29) 『玉葉』建久三年二月一八日条、『明月記』建久三年三月一四日条。
(30) 『明月記』建久三年三月一四日条。
(31) 『玉葉』寿永二年八月一九日条。
(32) 『猪隈関白記』正治二年一〇月八日条。

(33)『猪隈関白記』建仁元年一二月一八日条。
(34)奥野高広「七条院御領に就いて」(『国学院雑誌』四七―五、一九四一年)、布谷陽子「七条院領の伝領と四辻親王家――中世王家領伝領の一形態」(『日本史研究』四六一、二〇〇一年)。
(35)野村育世「不婚内親王の准母立后と女院領の伝領」(『家族史としての女院論』校倉書房、二〇〇六年)等。
(36)『玉葉』建久七年正月一二日条。
(37)『小右記』長和元年四月四日条。注(4)栗山前掲論文。
(38)『玉葉』建久七年正月一四日条。龍野加代子「八条院領の伝領過程をめぐって」(『法政史学』四九、一九九七年)参照。
(39)注(6)野口前掲論文。
(40)上横手雅敬『平家物語の虚構と真実』(塙書房、一九八五年、初出一九七三年)、五味文彦「以仁王の乱――二つの皇統」(『平家物語　史と説話』平凡社、二〇一一年、初出一九八七年)。
(41)注(6)伴瀬前掲論文。注(6)野口前掲論文。
(42)注(6)伴瀬前掲論文、栗山圭子「院政期における国母の政治的位置」(注(4)栗山前掲書所収、初出二〇〇二年)。
(43)寿永二年九月二七日付後白河院庁下文案(『平安遺文』四一〇七号)。
(44)『吾妻鏡』文治四年四月一二日条。
(45)高橋一樹「重層的領有体系の形成と鎌倉幕府――本家職の成立をめぐって」(『中世荘園制の成立と鎌倉幕府』塙書房、二〇〇四年)。
(46)『明月記』天福元年二月九日条。
(47)『民経記』天福元年六月二〇日条。
(48)『玉蘂』嘉禎三年七月一七日条。布谷陽子「王家領の伝領と女院の仏事形態――長講堂領を中心に」(入間田宣夫編『日本・東アジアの国家・地域・人間――歴史学と文化人類学の方法から』入間田宣夫先生還暦記念論集編集委員会、二〇〇二年)。

(49)　室町院への内親王宣下は仁治元年（一二四〇）四月二一日（『百錬抄』）。
(50)　建長三年二月二〇日付宣陽門院置文（『長講堂由緒書』）。
(51)　『葉黄記』宝治元年正月二八日条。
(52)　『百錬抄』宝治二年二月一六日条。
(53)　室町院所領目録（『鎌倉遺文』二一三〇七号）。
(54)　室町院所領目録（『鎌倉遺文』二一三〇七号）。
(55)　室町院所領目録（『鎌倉遺文』二一三〇七号）、室町院遺領置文（『鎌倉遺文』二一三〇八号）。注(6)伴瀬前掲論文、伴瀬明美「鎌倉時代の女院領に関する新史料――『東寺観智院金剛蔵聖教』第二八〇箱二一号文書について」（『史学雑誌』一〇九―一一、二〇〇〇年）。
(56)　遠藤基郎「鎌倉中後期の天皇家王権仏事――天皇家王権仏事の事件史（その三）」（注(15)遠藤前掲書所収）。
(57)　後嵯峨院処分状案（『鎌倉遺文』一〇九五三号）。
(58)　後嵯峨院処分状案（『鎌倉遺文』一〇九五三号）。
(59)　『百錬抄』宝治二年三月二三日条。
(60)　角田文衛『待賢門院璋子の生涯　椒庭秘抄』（朝日新聞社、一九八五年、初出一九七五年）。
(61)　角田文衛『日本の後宮』（学燈社、一九七三年）。
(62)　拙稿「二条親政の成立」（本書第二部第二章、初出二〇〇四年）。
(63)　『三長記』建久七年一一月二三日条。
(64)　河内祥輔『保元の乱・平治の乱』（吉川弘文館、二〇〇二年）。
(65)　元木泰雄『藤原忠実』（吉川弘文館、二〇〇〇年）。
(66)　注(60)角田前掲書。
(67)　注(62)拙稿（本書第二部第二章）。

(68) 五味文彦「平氏軍制の諸段階」(『史学雑誌』八八―八、一九七九年)、元木泰雄「後白河院と平氏」(注(2)元木前掲書所収、初出一九九二年)。
(69) 曽我部愛「後高倉王家の政治的位置――後堀河親政期における北白河院の動向を中心に」(『ヒストリア』二一七、二〇〇九年)。
(70) 拙稿「中世前期の王家と法親王」(本書第一部第二章、初出二〇一一年)。
(71) 杉橋隆夫「鎌倉初期の公武関係――建久年間を中心に」(『史林』五四―六、一九七一年)。
(72) 注(3)伴瀬前掲論文。
(73) 『吉続記』文永五年八月一日条。
(74) 『一代要記』後宇多。
(75) 注(45)高橋前掲論文。
(76) 注(6)伴瀬前掲論文。
(77) 室町院所領目録(『鎌倉遺文』二二三〇七号)、室町院遺領置文(『鎌倉遺文』二二三〇八号)。注(6)伴瀬前掲論文、注(55)伴瀬前掲論文。
(78) 金井静香「再編期王家領荘園群の存在形態――鎌倉後期から南北朝期まで」(『中世公家領の研究』思文閣出版、一九九九年)。
(79) 美川圭『院政　もうひとつの天皇制』(中央公論新社、二〇〇六年)。
(80) 市沢哲「鎌倉後期公家社会の構造と『治天の君』」(『日本中世公家政治史の研究』校倉書房、二〇一一年、初出一九八八年)。
(81) 注(80)市沢前掲論文。
(82) 岡田智行「院評定制の成立――殿下評定試論」(『年報　中世史研究』一一、一九八六年)。
(83) 注(80)市沢前掲論文。

終章　中世の皇位継承と権力

最後に、序章で提起した政治史研究上の課題に立ち返り、本書で明らかにした内容をまとめるとともに、今後の展望を示したい。

まず、天皇の親族集団（王氏）における中世的「家」の成立が、政治史に及ぼした規定性についてである。後三条天皇が皇位継承者とその配偶者の決定権を掌握したことにより、王家では、皇位の直系継承を数世代にわたり実現することが可能となった。以後、父院と成人天皇との間で政治的主導権をめぐる争いが生じた際には、父院が成人天皇を退位させ、その皇子を皇位に即けることで、争いを解決することが一般化する。

さらに、適切な皇子が存在しない場合には、弟を養子として迎えることで、将来の院政を保証して退位させる処置が取られた。こうした養子関係の設定による院政の保証と皇統の存続という処置は、持明院統において後伏見天皇と花園天皇（弟）、花園天皇と光厳天皇（甥、後伏見天皇の嫡子）との間にそれぞれ設定された養子関係に見られるように、両統迭立期にも受け継がれた。

次に、皇位継承と荘園伝領との関係についてである。院は、皇統から外れた正妻所生の親王・内親王に、生活基盤として荘園群を伝領させたが、内親王の伝領分については、養子女関係の設定によって、皇位継承者やその子孫に荘園群が回収されるよう処置していた。こうした養子女関係の設定による王家領伝領への介入は、通説とされてきた両統迭立期ではなく、王家領荘園が集積された鳥羽院政期から、すでに始まっていることが重要である。

それを可能とした条件は、中世前期の内親王は基本的に未婚であったことである。このため、荘園を伝領させるためには養子女を取らざるをえなかったが、本家として重層的な荘園支配の頂点に立つためには、親王・内親王の宣下を受けることが可能な、院・天皇の皇子女に、候補者はほぼ限られていた。八条院を典型例とする、未婚内親王女院の荘園支配の独立性の問題は、相続の問題とは別次元のものとして捉える必要がある。

以上のような、皇位継承および荘園の伝領に関わる処置により、院は、自らの意思により、次世代以降の家の構成を決定することが可能となった。ところが、院の死などによって家長が代替わりすると、新家長による家の構成や皇位継承者の変更がしばしば行われたほか、皇位継承予定者・荘園伝領予定者の不慮の死などによっても、想定外の変動が生じた。家長権の確立にともなって、こうした代替わりに付随する政治的変動が構造的に引き起こされることとなり、中世前期の政治の方向性を左右したのである。

それでは、こうした院の家長権に規定された政治構造は、いつまで存続するのか。第二部第四章で述べたように、承久三年（一二二一）の承久の乱での勝利により、鎌倉幕府は皇位継承と王家領荘園の伝領に関して院の家長権の上位に立ち、介入することが可能となった。しかし、鎌倉幕府は基本的に皇位継承と王家領荘園伝領の問題に介在することを極力避け、仁治三年（一二四二）の後嵯峨天皇擁立のように、介入が不可避の場合に限って介入を行った。介入が恒常化するのは、建治元年（一二七五）に熙仁親王（伏見天皇）を立太子させて以後である。

熙仁の立太子によって両統迭立が開始されると、両統のそれぞれに家長が存在し、天皇を出している統の家長が院政を行うようになる。この両統迭立の段階の、政務を行っている院・天皇のことを、とくに「治天の君」と称することとしたい。

問題は、治天の君であっても、家長としての権限の及ぶ範囲は、あくまで自統の内部にとどまったことである。

第一部補論で述べたように、元弘の変で大覚寺統の後醍醐天皇が捕えられた際、持明院統の花園院は自身の日記に「王家之恥」と評しており、[1]両統の上部の集団として「王家」は存続しているが、それぞれの統という集団が、より規定的な存在となっているのである。

後醍醐天皇が鎌倉幕府打倒を志した背景に、自身の後継者の問題が存在したことは、すでに知られている。[2]鎌倉幕府によってまず後醍醐天皇の皇太子とされたのは甥の邦良親王であり、次いで、邦良の死後に皇太子とされたのは、持明院統の量仁親王（光厳天皇）であった。後醍醐天皇が自身の子を皇位継承者としようとした場合、それを実現するためには、鎌倉幕府を倒すよりほかなかったのである。これは、鎌倉幕府という上位権力を排除し、家長権を回復させようとする試みと捉えることができる。鎌倉幕府に不満を持つ勢力を糾合し、討幕に成功した後醍醐天皇は、京都に帰還すると、自身の嫡男である恒良親王の立太子を行っている。[3]

その後、足利尊氏の離反によって両統は再度分裂し、明徳三年（一三九二）に足利義満によって南北朝合一が果たされるまで、分裂状態が継続される。南北朝合一に際しては、両統迭立の再開が条件として提示されていたが、[4]義満はなし崩し的にこの条件を反故にしたため、北朝の持明院統が正統として存続したのであった。

とはいえ、正統となった持明院統から、すでに政治的実権はほぼ失われ、当該期の政治は、義満の強力な専制の下に行われていた。当時の義満の政治的地位は治天の君と同等であり、その発給文書は公家政権内で院の発給文書と同様の機能を果たした。[5]このように、公家・武家の双方の頂点に立った義満の政権は、研究上においては公武統一政権と称される。

天皇に対する親権を持たない義満が、院政と同様の政務運営を行うことができた前提として重視されているのは、正平七年（一三五二）に南朝が京都を占領し、治天の君であった光厳院や崇光天皇などの主だった北朝の構成員が南朝に連行された際、光厳院の母である広義門院が治天の代行を行った事例である[6]。崇光天皇に代わって擁立された後光厳天皇にとって、広義門院は祖母にあたり、当然ながら院政を行う資格はない。

しかし、すでに広義門院以前に、延元元年（一三三六）に院政を開始した光厳院の段階で、「天皇の直系尊属」という院政の要件は揺らいでいた。このとき即位した光明天皇は、光厳院の同母弟であり、両者の間には養子関係が急遽設定されたものの、それ以前に養育関係は存在しなかった。即位後も、朝覲行幸のような父子関係の確認儀礼は行われていない。

そもそも、建武元年（一三三四）には嫡男の益仁親王（崇光天皇）がすでに誕生しているにもかかわらず、光厳院は、あえて益仁ではなく弟の光明天皇を皇位に即けている。その理由を伝える史料はないが、後醍醐天皇方と京都で激戦を繰り広げているさなかに、わずか二歳の幼帝を即位させるのには、無理があったからであろう[7]。厳しい戦乱に対処する中で、実質が優先され、「天皇の直系尊属」という院政の要件は、形骸化していったのである[8]。

そうした形骸化の先に到来したのが、広義門院による治天代行であり、最終的に、義満による治天代行という事態が招来されたのであった。以後、皇位継承の問題は政務決裁の問題とは切り離され、院政の必要性も失われたため、永享五年（一四三三）の後小松院没後は、後花園天皇が晩年に六年間退位したことを除けば、天正一四年（一五八六）に正親町天皇が譲位するまで、ほぼ一五〇年にわたり院政は途絶えた。

退位が行われなくなった結果、称光天皇に男子がなかったために伏見宮家から後花園天皇が迎えられた以外、皇位の男子直系継承も安定的に行われ、後花園天皇が正長元年（一四二八）に即位して以後、寛永六年（一六二九）に明正天皇が即位するまで、実に二〇〇年間にわたって、皇位の男子直系継承が行われたのである。逆説的であるが、室町期に現実の政治権力から切り離されたことが、天皇の地位が現代まで維持される要因となったといえるだろう。

近年では義満期の分析にとどまらず、戦国期から近世にかけての天皇や王権の問題へと研究が進んでいるが[9]、本書で分析した院政期から鎌倉期の天皇・王権のあり方を、室町期以降の研究成果と接続させていくことが、今後の課題となるであろう。この点を指摘して、本書のまとめとしたい。

注

（1）『花園天皇宸記』元弘元年別記一〇月一日条。
（2）両統迭立期から南北朝合一までの皇位継承過程については、森茂暁『南朝全史　大覚寺統から後南朝へ』（講談社、二〇〇五年）に詳しい。
（3）『元弘日記裏書』建武元年正月二三日条。
（4）明徳三年一一月一三日付足利義満書状。
（5）富田正弘「室町殿と天皇」（『日本史研究』三一九、一九八九年）。
（6）今谷明『室町の王権　足利義満の王権簒奪計画』（中央公論社、一九九〇年）。
（7）光厳院は、光明天皇とともに、尊氏が本陣をおいた東寺に参向している（『皇年代私記』光明院）。
（8）さらに、光厳院は貞和四年（一三四八）に崇光天皇を即位させているが、同時に、花園院の皇子である直仁親王を、自身の猶子として皇太子に立てている（『御厨子所預民部大輔紀宗藤朝臣記』貞和四年践祚并立坊之記）。直仁は光厳院の落胤であるものの（康永二年四月一三日付光厳上皇置文）、表向きは花園院の皇子であり、花園院によって養育されている。
（9）池享『戦国・織豊期の武家と天皇』（校倉書房、二〇〇三年）、堀新『織豊期王権論』（校倉書房、二〇一一年）。

初出一覧

序　章　中世政治史研究の課題　　新稿

第一部

第一章　中世前期の王家と家長　『歴史評論』七三六号、二〇一一年八月

補論　史料用語としての「王家」　『無為　無為』一五号、二〇一四年二月

第二章　中世前期の王家と法親王　『立命館文学』六二四号、二〇一二年一月

第二部

第一章　鳥羽院政期王家と皇位継承　『日本史研究』五九八号、二〇一二年六月

第二章　二条親政の成立　『日本史研究』五〇五号、二〇〇四年九月

補論　保元三年宇治御幸の史的意義　（京都女子大学宗教・文化研究所）『研究紀要』二一号、野口実・佐伯智広・田中裕紀・大原瞳「摂関家の空間における政治と文化（中世前期の宇治に関する総合的研究一）」第一章、二〇〇八年三月

第三章　高倉皇統の所領伝領　『日本史研究』五四九号、二〇〇八年五月

第四章　中世前期の政治構造と王家　『日本史研究』五七一号、二〇一〇年三月

終　章　中世の皇位継承と権力　新稿

あとがき

私がはじめて京都大学の門をくぐったのは、一九九五年一月のセンター試験でのことだった。それから三日後に阪神・淡路大震災が起こり、三月には地下鉄サリン事件が発生。日本社会のまさに転換点となる時期に大学生となったわけだが、そうした影響を自らが直接受けたかと言えば、実のところ、そうではないように思える。むしろ、京都大学の古き良き牧歌的な教育環境の恩恵を存分に受けた、最後の世代なのかもしれない。大学院在籍中も含めて、学期は基本的に通年制であったし、教室には冷房が完備されていなかったこともあって、七月上旬には長い夏期休暇に入っていた。

京都大学に入学して良かったと思えることの一つが、一般教養科目で、一回生から受講可能な演習・講読が開講されていたことである。進学先を文学部と決めた時点で、日本史を専攻して大学院に進学するということは決めていたが、そのくせ、歴史を研究するということがどのような営みなのかということを理解していなかった私にとって、これらの科目は、それを初めて実体験させてくれる場であった。一回生で西山良平先生の演習を、二回生で元木泰雄先生の講読を受講したことが、その後の私の人生を決定したといっても過言ではない。

三回生で配属となった日本史学専攻は、現在も、古代史から近代史までが同居する大講座制をとっている。私の配属時点での先生方は、古代史の鎌田元一先生、吉川真司先生、近世史の藤井讓治先生、近代史の高橋秀直先生であった。さまざまな時代の先生方や先輩方の教えを享受することができた環境を、当時は当たり前のことと思っていたが、それがいかに得がたいものであったかは、今にして実感される。

ところが、中世史だけは、私が二回生の年度に大山喬平先生が退職され、四回生の年度の後期に勝山清次先生が着任されるまで、一年半の空白期間があった。このうち、四回生の前期は、卒業論文という、研究者を目指す上で最初のハードルが待っている時期である。当然のことながら壁にぶつかった私の相談に乗ってくださったのが、前年に京都大学総合人間学部に着任されていた元木先生であった。他学部の学生であったにもかかわらず、親身に指導してくださった元木先生への感謝の気持ちは、言葉では言い尽くせない。文学部の大学院入試が冬のみ実施されるのに対し、総合人間学部の大学院である人間・環境学研究科の入試は夏にも実施されるという事情もあり、四回生夏の時点で人間・環境学研究科への進学を決めたのは、私にとって自然な選択であった。

結果的に、文学部日本史学専攻を離れることとなったが、その後も、中世史の大学院演習には参加させていただくことができた。参加希望を快く受け入れ、学部在学中に引き続きご指導くださった勝山先生のご厚情に、心より御礼を申し上げる。文学部の方々との交流を持てたことは、研究を続けていく上で、現在も大きな支えとなっている。

大学院進学後は、設置後まだ日の浅い研究室であったこともあり、所属する院生は事実上私一人という状況が長く続いた。印象に残っていることは数多くあるが、なかでも、修士論文執筆時に、元木先生に何度も一対一で指導していただいたことは、一生忘れることはないだろう。同じ中世前期の政治史を志した私にとって、元木先生は、最も身近であると同時に、最も緊張を感じる存在であった。

博士後期課程に進学してから博士論文を完成させるまで、九年もの歳月を要したのは、不肖の弟子として申し訳ない限りである。主査の元木先生をはじめ、西山先生・勝山先生という、学部在籍中から長きにわたってご指導をいただいてきた先生方に、博士論文を審査していただけたのは、私にとって大きな喜びであった。学位取得からさらに五年近くを経て、こうして本書が刊行されることで、先生方のこれまでのご指導に少しでもお応えできていることを願ってやまない。なお、本書の刊行にあたっては、京都大学より平成二六年度総長裁量経費人文・社会系若手研究者出版助成を受けている。

ほかにも、大学や学会、あるいは私的な研究会などで、お世話になった先生方、先輩方、学友、後輩は数多い。私が研究の道を歩んでこられたのは、そうしたみなさまのおかげである。これまで学恩を賜ったすべての方々に、篤く御礼を申し上げたい。

本書の編集を御担当下さった山本徹氏との御縁も、学会での出会いがきっかけであった。本書がこうして陽の目を見るのも、山本氏が親身なご助言を下さったおかげである。また、博士論文や他の既発表論文に新稿を加え、一冊の書物として再構成する過程で、髙橋昌明先生から貴重なご助言を賜った。さらに、校正に当たっては、米澤隼人氏にご協力いただいた。本書の出版にご助力くださったみなさまに、心より御礼申し上げる。

最後に、私的なことながら、研究の道に進むことを許容し、温かく見守ってくれている両親、そして、人生をともに歩んでくれている妻に、感謝の気持ちを捧げたい。

二〇一五年二月

佐伯智広

著者紹介
1977 年生まれ
1999 年　京都大学文学部卒業
2010 年　京都大学大学院人間・環境学研究科博士後期課程修了
現　在　立命館大学・摂南大学非常勤講師，京都大学博士（人間・環境学）

主要著書・論文
「徳大寺家の荘園集積」（『史林』86-1，2003 年）
「一条能保と鎌倉初期公武関係」（『古代文化』58-1，2006 年）
「中世貴族社会における家格の成立」（上横手雅敬編『鎌倉時代の権力と制度』思文閣出版，2008 年）

中世前期の政治構造と王家

2015 年 3 月 20 日　初　版

［検印廃止］

著　者　佐伯智広《さえきともひろ》

発行所　一般財団法人　東京大学出版会

代表者　古田元夫

153-0041 東京都目黒区駒場 4-5-29
http://www.utp.or.jp/
電話 03-6407-1069　Fax 03-6407-1991
振替 00160-6-59964

印刷所　株式会社三秀舎
製本所　誠製本株式会社

ISBN 978-4-13-026238-5 Printed in Japan

索　引

さ　行

た 行

な　行

は　行

ま　行

や　行

ら　行